육지것의 7년 제주살이

가족들과 함께 제주살기 어때?

이성근·황연정 지음

도서출판 **페이지원**

> 책을 펴내며

제주라서 다행이다.

제주에 관련된 여행 서적 중에 『제주 1년 살아보기』라는 책이 있다. 그 이외에도 제주에서의 삶을 기록한 여행서적은 한가득이고 심지어 여행객들이 남긴 제주 관련 에세이도 여러 권이 있다. 나 역시 제주로 내려온 1~2년 사이에 그런 책들을 많이 읽었다. 조금 더 제주를 즐기기 위해서였다. 그런데 제주에서 7년을 살아보니 그러한 책들을 통해 제주를 완전히 이해하는 데 부족함이 있다고 느낀다. 여행자 입장으로만 보기에는 제주의 매력은 더 깊고, 더 넓기 때문이다.

제주에서 7년을 살아보니 일반적으로 알려진 제주여행지는 제주의 대표적인 얼굴일 뿐이라는 생각이 먼저 든다. 유명한 관광지보다 더 좋은 곳이 많고, 더 감동적인 곳이 훨씬 많다. 비싼 입장료를 내지 않아도 산굼부리에서의 감격을 느낄 수 있는 곳은 수없이 많다. 갇혀있는 공간에서 돌고래 쇼를 보지 않아도 자연에서 숨 쉬고 살아가는 돌고래를 직접 볼 수 있다. 일부러 꾸며놓은 식물원에 가지 않아도 그보다 더 아름다운 곳이 제주에는 지천에 널려있다. 굳이 용두암을 찾아가지 않아도 용암이 만들어놓은 기괴한 바위들은 쉽게 찾을 수 있다. 그래서 난 지인들이 오시면 여행객들이 찾아가는 관광지에는 가지 않는다. 대신 따라비오름을 가고 한라산둘레길을 걷는다. 7년 동안 제주에 살아보니 인공적인 요소가 가미된 곳은 오히려 제주답지 않다는 생각도 든다.

 또한 7년을 살아보니 제주는 아직 따뜻한 정이 많이 남아있는 곳이라는 생각이 든다. 제주올레길을 걷고 있으면 감귤 밭에서 일하고 계시던 제주분들께서 감귤을 먹어보라고 곧잘 주신다. 한두 개 맛있게 먹으면 가방에 더 담아가라고 하시는 분들도 자주 만나게 된다. 제주올레길은 대부분 마을을 경유하는데 동네경로당을 지나갈 때면 그늘에서 쉬었다 가라고 하시는 어르신들을 자주 만날 수 있다. 그늘에서 함께 잠시 앉아 있으면 손자가 온 양 이런저런 이야기를 해주신다. 그리고 제주에서는 다른 어느 지역보다 차를 얻어 타는 것도 쉽다. 버스가 자주 오지 않는 중산간마을에서 버스를 기다리다가 지나가는 동네분의 차를 얻어 탄 것이 한두 번이 아니었다. 한라산 등산 중간에 잠시 쉬다가 제주분에게 맛난 간식을 잔뜩 받은 적도 무척이나 많다.

 대부분의 여행객들은 제주에 2박 3일이나 3박 4일 일정으로 오신다. 짧은 기간 동안 제주의 대표적인 관광지를 점찍듯이 돌아보고, 인터넷에서 검색한 맛집에서 식사를 하고 육지로 돌아가며 '제주를 많이 보고 왔다.'고 한다. 그런데 이런 분들은 살펴보면 렌터카와 숙소에서 보내는 시간이 오히려 더 많다.
 좀 더 시간적 여유가 있는 분은 1주일 정도 제주를 한 바퀴 돌아다니며 웬만한 관광지들을 섭렵한다. 대표적인 음식들을 드시고 돌아가시면서 '더 이상 제주에서는 볼 것이 없다.'고들 한다. 하지만 이러한 짧은 시간 동안 제주를 둘러보는 것은 장님이 코끼리 일부만 만져보고 코끼리를 논하는 것과 같이 오류를 범할 가능성이 크다.

최근에 정말 제주를 좋아하시는 분들은 1년 살기 프로젝트를 추진하기도 하신다. 요즘은 집을 1년씩 빌려주는 곳이 많기에 젊은 분들 위주로 많이들 하고 계시는 것 같다. 그런데 내가 7년 살아보니 1년으로는 부족하다. 7년을 살아도 갈 곳은 매우 많기 때문이다. 보통 2~3년이 지나면 '제주가 좁게 느껴지고 지겨워진다.'고 하시는 분들도 계시지만 난 자신 있게 이야기할 수 있다. '제주의 매력은 무궁무진하다.'고.

7년 동안 반해버린 제주, 제주에서 행복을 찾았다.

우리 가족은 7년 동안 제주 구석구석을 여행하며 제주에서 행복을 찾았다.

무엇보다 먼저 난 제주에서 자신을 사랑하며, 진정으로 원하는 것을 할 수 있었다. 의대에 입학을 하고 6년의 학업과정과 5년의 수련기간과 3년의 군복무를 마치고, 1년의 전임의 기간과 1년 6개월의 병원에서의 사회생활을 하면서 그토록 내가 바라던 일을 제주에서 했다. 남의 인정을 바라기보다는 '내가 좋아하는 일과 내가 원하는 일'을 했다는 것이 정말 다행이다 싶다.

두 번째로 제주에서 나는 좋은 사람과 관계를 맺고, 그분들과 함께했기에 행복했다. 제주에서 많은 사람들을 만나고 자원봉사를 통해 지역사회에 도움을 주고자 노력했다. 제주올레와 다양한 취미활동을 통해 이를 실현했던 것 역시 제주이기에 가능한 것이었다.

그리고 나는 제주에서 근심 걱정을 내려놓고, 여유와 마음의 평화를 찾았다. 제주에서 자연과 함께하는 시간이 많아질수록 마음의 여유와 평화가 커지는 느낌을 받았다. 대자연의 경이로움을 느낄 때마다 작은 인간으로서의 한계를 느끼며, 명상하고 내려놓으려고 노력했다.

7년 동안의 제주생활을 돌이켜보면 난 참으로 행복한 시간들이 많았다. 한라산(30번 정도)을 갈 때마다 자연의 경이로움에 감탄했다. 제주올레길 425km를 세 번 이상 완주하면서 사람들과 이야기를 나누며 많은 것을 배웠다. 수많은 오름을 다니며 명상하고 여유를 갖고자 했다. 가족과 함께 수차례 제주 이곳저곳을 즐기며 '지금, 현재'를 즐겼고, 가족과 많은 추억을 만들었다. 새로운 것을 배우고, 다양한 취미생활을 통해 도전하고 열정적으로 생활하고자 하였다. 이러한 노력과 경험들은 내게 행복을 느낄 수 있게 해주었다. 그래서 감히 나는 자신 있게 이야기할 수 있다. '나는 제주에서 행복했었다.'라고.

머리말

"여보, 나 살고 싶어요. 나 이러다 갑자기 다 버리고 아무도 없는 곳으로 잠수탈 것 같아요. 지금 당장 우리에겐 정말 당신이 필요해요."

이렇게 셋째를 출산 후 나의 처절한 외침으로 시작되었다. 제주의 삶은.

아이 둘까지는 그럭저럭 누구의 손을 빌리지 않고도 키울 수 있었고, 그렇기에 세 아이 육아도 해낼 수 있다고 자만했다. 그런데 막상 세 아이와 함께 한다는 건 차원이 달랐다. 전래동화 중 '선녀와 나무꾼'에서 보면 사슴이 나무꾼에게 선녀가 아이 셋 낳기 전에는 절대 하늘로 가는 옷을 주지 말라고 한다. 책을 읽을 때 왜 3명이지? 라는 생각을 하면서 책을 봤었는데, 정말 아이 셋을 키워보니 무릎을 팍 치게 만드는 전략이었음을 알 수 있었다. 지금은 웃으면서 말할 수 있지만, 그때는 정말 나는 지칠 대로 지쳐있었고 감당할 수 없었을 만큼 힘들었다. 그래서 신랑에게 육아초대장을 보냈다. 절실하게.

나의 처절한 외침을 듣고 신랑도 생각이 많아졌고 결국 이직을 결심한다. 그리고 찾은 곳이 바로 제주이다.

처음 제주에 가자고 했을 때 나의 반응은 콧방귀였다. 지친 나에게 휴식을 주는 여행을 가자고 하는 건 줄 알았기 때문이다. 지금은 많은 분들이 제주살이를 하고 계셔서 이상하지 않은데, 11년 전만 하더라도 제주는 놀러 가는 곳이지, 살러 가는 곳은 아니었다. 신생아를 데리고 여행갈 생각을 하니 대체 내 이야기를 뭘로 들은 건지... 절박한 나의 외침이 그냥 투정처럼 들렸나 싶어 허탈감과 섭섭함이 올라왔다. 그런데, 신랑과 이야기를 나눌수록 이상했다. 생각지도 않았던 제주의 삶이 우리 가족에게 해결책이 될 것이라는 말. 여행은 맞았지만, 단순한 여행이 아니었다. 삶의 터전을 옮기는 여행이었다.

사실 수술하는 외과의사로 산다는 건, 아주 고단한 일이다. 잘 모르는 사람들은 의사니까 편하게 일한다고 생각할지 모른다. 나도 그랬으니까. 그런데 옆에서 보니 이건 일의 강도도 높지만 근로시간도 엄청난 일이다. 낮에는 진료와 수술을 하고, 밤에는 차례로 당직을 선다. 당직인 경우는 24시간 풀 가동이다. 근로자라면 주 40시간에 연장근로 12시간을 합해 52시간이 최대 근무시간이지만, 수술하는 외과의사에게는 남다른 이야기다. 오후 늦게 응급환자가 오면 퇴근시간이라 내일 수술하자고 할 수 없다. 자연스레 연장근무다. 또, 당직이라는 것은 돌발상황에 대한 대처이기 때문에 근무시간으로 보기는 좀 과장되어 있다고 느낄 수 있다. 확률적으로도 돌발상황이 생기는 경우보다 안 생기는 경우가 훨씬 많기도 하다. 그렇다고 해서 긴장감이 없어지는 건 아니다. 언제 연락이 올지 모르기 때문에 우리 신랑은 항상 신경이 곤두서 있고, 집에서 식구들과 편안하게 즐기지 못하고, 병원까지 이동거리가 30분

이상 되는 곳에 가족 식사를 하러 간다거나 놀러가는 건 생각하지도 못했다. 실제 우리 가족의 집은 근무지와 차로 10~20분 이내의 거리로 구한다. 당직제도 덕분에 학세권, 역세권, 숲세권 이런 기준은 이사 시 선택사항이 아니었다.

그런 당신의 상황도 돌아보게 되고, 나의 상황도 돌아보게 되었으리라. 때마침 제주에 있는 검진센터 내시경 의사 구인광고를 보게 되었고 수술과 당직이 없는 일터를 발견한 것이다. 응급수술이 없으니 근무시간도 고정이고, 당직이 없으니 온전히 육아에 동참할 수 있다는 이유였다. 연고지 하나 없는 제주의 삶은 그렇게 시작되었다. 오직 우리 가족만을 생각하고, 의지하면서.

2011년 12월 25일, 막내가 태어난 지 100일이 되던 날, 제주로 가는 비행기를 타는 것으로 시작된 제주는 생각보다 더 혹독했다. 시기적으로 첫째의 유치원도, 둘째의 어린이집도 인원충원이 다 끝난 상태라 들어갈 자리가 없었다. 신랑이 출근하면 그때부터 나와 아이들의 전쟁같은 일과가 시작되었다. 겨우내 내가 본 제주는 마트와 소아과, 우리집뿐이었다. 변덕스러운 날씨에 아이들 건강이 염려가 되기도 했고, 내 체력도 바닥이 나 있고 우울증상도 있었기 때문이다. 정말 감사한 것은 신랑이 정시에 퇴근해서 집에 와서 가족들을 돌봐주는 것이고, 3월부터 첫째와 둘째가 등교, 등원을 하게 되었던 것이다. 조금씩 여유를 찾아가기 시작했고 안정을 찾아갈 때쯤 첫째의 반 엄마들을 만나고, 상태가 그다지 좋지 않았던 나를 언니들이 챙겨주면서 진짜 제주 생활이 시작되었다.

육지것으로,
아이셋 맘으로,
아내로,
나로.

제주여서 누릴 수 있었고,
제주여서 느낄 수 있었던.

우리 가족의 기록을 이렇게 남길 수 있어서 기쁘다.
아이들이 커서 이 책을 보며 추억소환 할 그때가 벌써 설렌다.

더불어 이 기록이 다른 가족들에게 조금이나마 도움이 된다면 더 기쁠 것이다.

추천사

읽는 순간 현재를 제주로 만드는 유쾌한 힘이 있는 책

"제주 사람이세요? 우와, 제주에 살고 좋으시겠어요!"
제주올레에서 일하면서 마주치는 사람마다 부러운 시선을 보낸다.
참으로 많은 분들이 제주를 좋아하고 또 로망을 갖고 계신 것 같은데,
선뜻 "네! 아주 좋아요"라고 입 밖으로 나오지 않는 이유는 뭘까?
낙원에 살지만 누리지 못한다면, 낙원이 아님을….
아이러니하게도 원주민인 난 제주를 여행하는 타지 분들이나 아예 이주한 제주 러버들로부터 그 답을 찾는다.
그리고 그런 내게 가장 강렬한 모습으로 여운을 남긴 한 사람이 바로 '이성근' 총무님이다.
세상 바쁜 의사라는 본업을 지키며 주말에는 세 아이와 함께 길에서 쓰레기를 줍는 현대판 '슈퍼맨'을 옆에서 본다면 누구라도 가슴이 뜨끔해지고 또 뜨거워진다.
총무님의 한결같은 올레 사랑과 새로운 도전 소식은 늘 좋은 자극을 준다. 입이 아닌 행동에서 전달되기에 더 크게 느껴진다.
한 마디로 '슈퍼맨' 같다.

첫째로, 좋은 남편, 좋은 아빠!
육아로 지친 아내에게 자유시간을 주고자 일주일에 하루는 혼자 세 아이를 데리고 올레길과 캠핑을 즐기는 모습.

두 번째, 찐 올레사랑 자원봉사자!

2013년부터 6년이라는 긴 세월 동안 '제주올레 아카데미 총동문회' 총무이자 부회장으로서 수많은 모임, 행사, 여행을 추진하며 잊을 수 없는 좋은 추억과 웃음을 선사한 자원봉사활동.

초보 올레꾼에게 조금이라도 도움이 되고자 추진했던 '보카마시 프로젝트(제주올레 아카데미 총동문회에서 올레여행 꿀팁을 담은 책 출간)'.

제주올레의 오랜 '후원회원'이자, 주변에 남는 천, 버릴 옷 하나하나 모아서 '간세인형' 만드는 데 보태라고 우체국 박스 한가득 보내주신 정성.

세 번째, 진정 도전을 즐길 줄 아는 챔피언!

아쉽게도 7년 제주살이를 끝내고 지금은 낯선 타지에서 용기 있게 개인병원을 개원하고 성공적인 운영을 하면서도, 짬짬이 '엉덩이 대장 유튜버'로 건강 라이프 전도사까지~ .

끝으로, 육지사는 제주사람!

지금은 경상도 냄새 풀풀 나는 수원사람이 되었지만, 그의 영혼은 늘 제주를 그리며 제주를 애정하며,

제주에서 보낸 7년의 고마움을 함께 나누려는 진짜 제주사람.

이 책은 분명 누구보다 지금을 즐기게 만들고 읽는 순간 현재를 제주로 만드는 유쾌한 힘이 있으리라~! 슈퍼맨인 저자가 그러했듯이^^

슈퍼맨을 꿈꾸는 예비 슈퍼맨 고승우 올림

추 천 사

제주에게 진짜 '찐'인 이야기를 들어보시죠!

어느 날 전화 한 통을 받았습니다. 부산에서 공부하고 부산에서 생활하던 친구가 제주로 터전을 옮긴다 했습니다.

제주??

제주라는 곳은 섬… 그리고 관광지… 단지 우리에겐 여행으로만 찾을 것 같았던 그곳에 2011년 가을 제 친구의 가족은 둥지를 틀었습니다. 아무런 연고도 없는 제주에서의 삶을 저는 미리 걱정하기도 했습니다. 한 달 살기, 일 년 살기. 남들이 꿈꾸는 그런 잠시 동안의 제주생활이라고 생각하기도 했습니다. 하지만 제 친구는 올레길을 사랑하고 알리는 데 더없이 진심이었고 제주만의 보물인 한라산과 오름의 아름다움에 칭찬을 아끼지 않았으며 제주 자연의 최고봉은 제주 여기저기에 숨어있는 숲길임을 자랑하기 바빴습니다.

말하기 좋아하는 제 친구는 어느새 제주 이야기로 시작해서 제주 이야기로 끝을 내는 이야기꾼이 되어 있더군요.

그런 그가 솔직히 부럽기도 했습니다. 계절마다 변하는 섬의 아름다움을 사랑하는 가족들과 함께 느끼고 있었고 그 속에서 여유를 찾아가는 그들의 모습이 부럽기도 했었고 끊임없는 이야기가 만들어지는 신비한 섬 이야기가 때론 기다려지기도 했었습니다.

제 친구 이성근에게 제주는 '찐'이었습니다

제 친구 이성근에게 제주는 어쩌면 행복을 하나하나 찾아가는 보물섬이었는지도 모릅니다.

세 명의 아이와 직접 부딪히며 만들어간 이야기와 진심 제주를 좋아하는 녀석의 제주 사랑이 7년이라는 시간에 그리고 이 책에 고스란히 담겨 있다고 생각합니다. 일상에 지쳐 바쁜 도심속에서의 생활이 힘들고 그리고 사랑하는 사람들에게 제주의 아름다운 자연을 선물하고자 하는 분들이 계신다면, 아니 그냥 마냥 제주가 좋으신 분들이라면 제주에게 진짜 '찐'인 이야기꾼 제 친구의 이야기 속으로 초대하고자 합니다.

7년이라는 시간 속에 녹아 있는 제주에서의 행복 이야기.

이제… 시작합니다.

오랜 벗 김창현

추천사

노력과 열정, 실력이 돋보이는 책입니다

저와 같이 도시에서 제주로 이주한 지 10년쯤 된 사람들은 주변에 '제주에 미친 사람'이 몇 쯤은 있습니다. 저 역시도 제주에 미쳐서 몇 년을 살았었지요. 하지만 어느덧 먹고 사는 일에 매달리다 보면 언제부터인가 주변의 오름도, 올레길도, 푸르디푸른 제주의 바다도 눈에 잘 들어오지 않게 됩니다. 한 사람의 생활인으로 제주도 안에 갇혀버리게 된 것입니다.

우리 이성근 원장님은 참 부지런한 분입니다.
무슨 일이든 열정이 넘칠만큼 열심을 다하시는 분이지요.
무엇보다 제주도에 대한 사랑과 관심은 그 누구에게도 뒤지지 않는 분입니다. 제주도에 사시던 7년 동안 (사)제주올레 아카데미 총동문회의 부회장 등 임원을 꾸준히 하셨고, 심지어 육지에서 병원 개원 후에도 지금까지 제주올레 자원봉사 활동을 이어오고 계십니다.
'생활인'으로 변해버린 저는 여전히 제주에 미쳐있는 이원장님이 부럽습니다. 항상 제주의 소중한 가치를 찾고, 그것들을 공유하고, 자신의 삶 속에 함께 하려는 노력과 열정 그리고 실천이 그렇습니다. 저는 이번 책을 통해 그동안 잠시 잊고 있었던 제주의 '그곳들'을 다시 찾아, 걸어보고자 합니다. 많은 독자분이 이성근 원장님과 함께 '숨겨진 제주의 이야기'를 만나보시길 기원합니다.

-제주리퍼블릭 대표 류기현

추천사

제주를 꾸미고 가꾸고 제주에 미친 저자의 책

연정이는 큰아이의 1학년 첫 짝꿍의 엄마예요.

알고 보니 둘째들도 4살이어서 첫째 둘째 아이들이 친구여서 더욱 가까워진 거 같아요.

제가 제주살이를 먼저 한 터라 연정이가 이것저것 물어보면 제주살이 하면서 터득한 모든 것을 알려주곤 했어요.

연정이가 처음 제주 왔을 때는 우리도 아이들처럼 어릴 때여서 푸릇하게 예쁜 사람이었어요.

항상 바른 사람이었어요. 계획을 짜고 실천하고.

연정이가 이렇게 책을 펴내어 책을 찬찬히 보니 옛 생각이 나네요.

함께 여행 간 여수 엑스포, 우도 여행, 캠핑 가서 서로 초대해서 전복이랑 고기도 구워 먹고 특히 고사리 철에는 고사리 캐기도 하고 아이들과 깔깔 웃었던 때가 있었어요. 제주에서 즐기고 제주에서만 할 수 있는 일이 정말 많아요. 그래서 제주살이를 저도 연정이도 즐겁게 행복하게 한 것 같아요.

제주에 여행 온 듯 즐기면서 올레 걷기도 하고 항상 아이들을 경험을 윤택하게 해주기 위해 노력하는 엄마였어요.

항상 공부하고 부지런하며 배울 점이 참 많은 엄마이죠.

지금은 제주살이를 접고 육지를 가서 아쉽지만 이번 육지 여행에서도 얼굴을 보며 이야기하며 둘째들은 만나서 신나게 놀았답니다.

육지보다 부족한 듯 하지만 제주의 삶은 풍요롭고 여유로움을 제주살이 하는 자만이 알 수 있어요.

　이성근 원장님은 큰아이 1학년 첫 짝꿍의 아빠예요.
　원장님은 바른 사나이예요. 멋진 아빠 멋진 남편이죠.
　항상 아이들 데리고 편의점 가서 "원하는 거 다 골라" 하셨는데 자상하고 인기 만점의 아빠이죠. 사단법인 제주올레 총동문회 총무, 부회장을 맡으면서 제주를 사랑하는 마음이 정말 가득했던 거 같아요.
　이런 에세이를 낸 원장님이 멋지고 대단하시네요.
　이성근 원장님은 올레길을 다니면서 제주를 꾸미고 가꾸고 제주에 미친 사람이었죠.
　지금은 제주를 떠나 일상에서 열심히 부지런히 일을 하고 계시지만 아마도 제주가 엄청 그리워 제주앓이 중일 거예요.

　다시는 돌아오지 않는 시간들이지만 이렇게 에세이로 남기는 부부에게 박수를 드리고 싶어요.
　제주이야기를 많은 사람들에게 들려주셔서 마음이나마 여유롭게 해주어서 감사드려요.

최지혜

가족들과 함께 제주살기 어때?
- 육지것의 7년 제주살이 -

책을 펴내며_ 2
머리말_ 6
추천사_ 10

I. 제주에서의 7년

1. '왜 제주에서 7년을 살았냐?' 라고 물으신다면_ 20
2. 제주에서 7년을 살아보니_ 34

II. 제주 가족여행

1. 우리 가족이 꼽은 제주의 베스트 여행지 10_ 52
2. 우리 가족의 제주 버킷리스트 10_ 74
3. 가족과 함께 즐기는 제주의 구석구석 18_ 94
4. 가족과 함께하는 제주여행지 26_ 122

Contents

III. 제주가 행복했던 이유

1. 우리 가족의 취미는 트레킹_ *148*
2. 초보자가 즐기는 제주 가족 캠핑_ *161*
3. 제주의 음식 18_ *172*
4. 육지것이 본 제주만의 문화_ *181*

별책부록

1. 제주에서의 7년간의 기록_ *193*
2. 아이들과의 인터뷰_ *237*

I. 제주에서의 7년

1. '왜 제주에서 7년을 살았냐?' 라고 물으신다면

오래전부터 제주를 꿈꿔왔었다. 내가 제주로 가자고 제안했을 때 아내는 갑작스런 제주행이라고 했지만 난 그전부터 제주로 가고 싶다고 이야기를 여러 번 했었다. 그렇게 난 대학생 때부터 꿈꾸었던 제주에서의 삶을 비교적 이른 나이인 서른다섯 살에 이룰 수 있었다.

제주에서 살게된 나에게 "왜 제주로 왔느냐?"고 제주도민들께서 자주 여쭤보셨다. 호기심에 물어보시는 분께는 "제주가 너무 좋아서요."라고 간단히 답해드리지만, 진짜로 궁금해서 진지하게 물어보시는 분들께는 답이 길어진다.

"가족들과 여유 있는 삶을 살 수 있어서 좋아요."
내가 제주에서 7년을 살았던 가장 큰 이유는 삶의 여유이다. 빡빡한 도시생활보다 제주에서의 삶은 여유를 훨씬 쉽게 찾을 수 있다. 물론 일하는 시간은 비슷하지만 퇴근 후나 주말에는 자연과 벗 삼아 가족들과 행복한 추억을 쉽게 만들 수 있는 곳이 제주이다. 여기서 중요한 것은 '쉽게' 만들 수 있다는 것이다. 부산이나 서울에서 살 때는 작정하고 움직여야지 누릴 수 있는 가족과의 여행을 제주에서는 마음만 먹으면 집에서 출발하여 10~30분이면 목적지에 도착할 수 있는 것이다.

우리 가족이 제주로 가야겠다는 생각을 가지게 된 가장 큰 계기는 셋째가 태어난 것이었다. 둘째를 키울 때까지는 아내가 그래도 크게 힘들어하지 않았다. 바쁜 남편에게 가정일을 도와주기를 많이 바라지 않던 아내는 셋째가 태어나면서 갑자기 많은 것을 요구하기 시작했다. 본인도 힘들었기 때문일 것이다. 지금도 아내는 그때를 생각하기도 싫다고 할 정도이다. 얼마나 힘들었던지 셋째가 태어나고 우리는 결혼 후 6년간 안 하던 부부싸움도 처음으로 하게 되었다.

그때는 둘 다 힘들었다. 나도 새로운 직장에 적응하느라 힘들었다. 3일에 한 번씩 밤에 응급 콜을 받는 당직을 해야 했고, 새롭게 시작하는 직장에서 많은 것들을 배우느라 가족과 가정을 챙길 시간적, 심리적 여유가 없었다. 스트레스에 쉽게 짜증이 났고, 응급콜로 밤에 언제 불려갈지 모른다는 생각에 퇴근 후에는 잠만 자기 바빴다. 육아일을 도와달라는 아내의 요구도 나에게는 무리하게만 느껴졌다. 아내는 나의 상황을 이해는 했지만 본인도 육체적 한계에 도달했기에 힘들어했다. 그런 우리에게는 특단의 조치가 필요했다. 그렇게 15년간 마음속으로 꿈꿔왔던 제주는 가정의 평화를 지키기 위한 방안으로 우리 가족의 최상의 선택이 되었다.

처음에 제주로 내려올 때는 아이들이 조금 클 때까지 2~3년만 제주에서 살자고 생각했었다. 첫째가 초등학교 고학년이 되고, 둘째가 초등학교에 입학을 하고, 셋째에게 손이 많이 가지 않을 시기가 되면 다시 육지로 돌아갈 생각이었다. 아내도 섬에서 사는 것을 좋아하지 않았기 때문이다. 섬에 갇혀 지내야만 하는 느낌이 싫다고 했다. 결혼하고 얼마되지 않은 시기에 전남 고흥군 소록도에서 2년 동안 살고 다시 육지로 이사를 하면서, 다시는 섬에서 살고 싶지 않다고 했을 정도였다. 그래서 우리는 제주에서 7년이나 살 생각이 없었다.

남해, 부산, 고흥, 의정부, 부산 찍고 제주까지.

난 경남 남해에서 태어났지만 7살 때 부산으로 이사를 한 이후 결혼 2년 차까지 부산에서 23년간 살았다. 그래서 난 부산사람이라고 말하곤 한다. 그리고 전라남도 고흥에 있는 국립소록도병원에서 공중보건의 생활을 2년간 했다. 그리고 의정부에 있는 경기북부 응급의료 정보센터에서 1년간 상담의를 하면서 군복무를 마쳤고, 이어 국립암센터 대장암센터에서 1년간 전임의 근무까지 2년 동안 의정부에서 살았다. 그리고 다시 부산으로 내려와 대장항문 전문병원에서 1년 6개월 동안 봉직의로 근무를 했다.

국립암센터 전임의 과정을 마치고 우리 가족이 어디에 정착을 할 것인지 고민했을 때 우리는 어렵지 않게 부산을 선택했다. 나의 제2의 고향이자, 처갓집도 부산이고, 대부분의 친척들이 부산에 살고 있었기 때문이다. 그렇게 4년간의 외지생활을 마치고 다시 부산으로 돌아왔을 때 우리 가족은 편안함을 느꼈다. 처갓집이 가까웠기에 장모님께서 자주 오셔서 (걸어 다니기 시작한) 둘째를 돌봐주셨고, 조금 지나서는 셋째를 임신한 아내를 많이 챙겨주셨다. 하지만 우리는 생각했다.

'우리가 살고 싶어 하는 삶은 어떤 모습일까?'
'우리 가족이 어떻게 지내면 더 행복할까?'

이러한 고민 끝에 우리 가족은 제주를 선택했다. 물론 제주를 선택할 당시는 약간의 '제주에 대한 환상'이 있었던 것 같다. 여행지로서의 제주만을 생각했었던 것 같고, 제주에 가면 천국에 간다고 생각했었던 것

같다. 그래서 처음 얼마동안은 제주에 적응하는 것이 쉽지는 않았다. 제주를 여행하는 것과 제주에 사는 것은 천지차이였고, 제주는 생각했던 것만큼 천국은 아니었기 때문이다. 하지만 지금은 자신 있게 이야기 할 수 있다.

"제주에서 가족과 함께 시간을 보내고, 추억을 만들면서 살았던 것이 행복했다."
"일에 빠져 정신없이 살기보다는 여유 있는 삶이 우리 가족이 원하는 것이었다."

제주에서 7년 동안 살면서 주말이면 가족들과 여행을 자주 다녔다. 1년에 50번 이상씩 7년간을 다녀도 갈 곳이 남아있는 곳이 제주이다. 같은 곳이라도 계절별로 다른 느낌이고, 누구랑 함께 가느냐에 따라서도 다른 곳이 된다. 그리고 한 번씩은 혼자서 제주여행도 다닌다. 아이들이 아직 자고 있는 주말 아침을 이용해서 한라산 산행도 다녀온다. 주말을 이용해서 제주올레길도 425km를 세 번 완주했고, 오름도 100여 곳 이상을 다녔다.

'육지것'이라고 불리는 제주 이주민들

제주에 살다보면 '육지것'이라는 표현을 종종 듣는다. '육지에서 온 사람들'이라는 뜻인데 약간의 부정적인 의미도 담겨있다. 즉, 제주사람이 아니라는 뜻이다. 제주에 살지만 제주사람이 아니라는 것은 곧 떠날 수도 있다는 가정을 깔고 있는 것이다.

7년을 제주에서 살아보니 이제는 제주분들이 이주민들을 '육지것'이라고 말하는 것이 나도 어느 정도 이해가 되었다. 제주에 이주해 오시는 분들이 1~2년 만에 제주를 떠나는 모습을 보면서 남겨진 사람은 상처를 받는다. 떠나가는 사람은 남겨진 사람이 받는 상처를 모른다. 떠나가는 사람은 남겨진 자의 아픔을 모르듯이, 그렇게 자주 상처를 받다보면 상처받는 이들은 상처를 극복하는 방법을 찾게 된다.

　나 역시 1~2년 만에 떠나는 사람들을 보면서 나름대로 마음의 상처를 적게 받는 방법을 찾았다. 그것은 바로 '처음부터 너무 많은 정을 주지 않는 것'이다. 그렇게 제주분들은 상처를 덜 받기 위해 잠시 왔다가 가버리는 이주민들을 제주사람이 아닌 '육지것'이라 부르는지도 모르겠다.

　7년 동안 한국건강관리협회 제주특별자치도지부에서 근무를 하면서 1~2년 만에 제주를 떠나는 의사를 5~6명을 보았다. 1년만 제주에서 살기로 작정하고 오신 분들도 계셨지만, 제주생활에 적응을 못해 가신 분도 많았다. 제주올레길에서 만난 올레꾼들 중에도 1~2년 만에 제주를 떠나신 분이 제법 있으시다.

　제주에 살기 위해 왔다가 제주를 떠나는 분들이 제주에 살면서 힘들었다고 자주 이야기하는 것이 제주사람들의 '육지것'에 대한 거부감이다. 다시 말해 제주사람들과 동화되기 힘들다는 것이다. 너무 자기네끼리 챙긴다는 것이다. 그래서 다가가기 힘들다고 호소한다.

　이는 아마도 제주의 '괸당문화'가 이유 중 하나일 것이다. 듣기에 생소한 '괸당'이라는 것은 쉽게 이야기하면 친지, 친척들을 잘 챙겨서 끼리끼리 어울린다는 것이다. 그런데 알고 보면 웬만한 제주사람은 한집 건너 다 친척인 경우가 많다. 제주사람들이 타인을 '삼촌'이라고 부르는 이유도 웬만한 사람은 다 친척이라는 의미일 것이다. 웬만한 시골은 동네사람들이 다 친척이다. 그 동네 사는 사람들이 다 이모이고, 고모이고, 삼촌이다. 제주시에 있는 한라수목원에 산책을 갈 때 아는 사람을 너무 많이 만나서 인사하느라 산책을 즐길 수 없어서 마스크를 끼고 간다고 할 정도이다. 그래서 그들은 그들끼리 뭉친다. 식당을 가도 아는 집에 가고, 물건을 사도 친척이 아는 집을 간다.

그런데 문제는 그 무리에 끼지 못하는 사람들이다. 제주로 이주해 온 분들이 그러하다. 그들은 아는 사람이 없으니 그 무리에 끼지를 못한다. 그래서 제주이주민들은 '육지것'이라는 말을 듣는다.

귤을 예로 들어보자. 우리 가족도 제주로 와서 1~2년 동안은 귤을 사먹었다. 육지 사람들은 귤을 사먹는 것이 당연하지만 제주사람들은 귤을 사먹지 않는다. 쉽게 구할 수 있는 것이 귤이기 때문이다. 귤은 상품으로 판매될 수 있는 기준이 까다로워서 크기가 작거나 모양이 이상한 것은 '팟지'라고 해서 팔 수가 없다. 제주분들은 귤농장을 하는 주위에 아시는 분들이 많으니 이런 '팟지' 귤을 쉽게 공짜로 구할 수 있는데, 제주이주민들은 그 '팟지'조차 쉽게 구할 수가 없는 것이다. 제주에 이주해 오신 분들이 귤을 사먹을 수밖에 없듯이, 제주이주민들이 제주사회에서 적응하는 것은 그리 쉽지 않다.

제주에서 첫 번째 미션은 제주사람들과 친해지기

　우리 가족도 처음에는 제주에 적응하는 것이 쉽지 않았다. 아내가 처음 6개월 동안 제주에서 다닌 곳은 마트와 소아과가 전부였을 정도로 우리는 제주에 연고가 없었다. 아는 사람이 없으니 모임도 없고, 불러주는 곳이 없으니 갈 곳이 없었다. 규모가 큰 아파트 단지에 살았기에 이웃사촌을 만들기도 힘들었다. 많은 제주 이주민들이 그러하듯 제주에 적응하는 것이 쉽게 진행되지 않았다.

　하지만 7년 동안 제주에서 산 우리 가족은 '제주사람만큼 정이 많은 사람들도 없다.'고 느꼈다. 남해, 부산, 고흥, 의정부에서 살아봤지만 '이보다 더 좋은 사람들은 없다.'고 생각한다. 마지막까지 살았던 아파트 주민들은 음식을 하면 먹어 보라고 집에 가져다주시기도 하고, 친척이 수확했다고 귤은 물론이고 농산물도 가져다주셨다. 주차장에서 만나면 반갑게 인사를 하는 것은 물론이고, 반상회에 안 나오면 다음에는 꼭 오라고 당부하셨다.
　이렇게 달라진 이유는 무엇이었을까?
　내 생각에는 그들이 우리를 곧 떠날 사람이 아니라 그들과 함께 제주에서 살아갈 사회구성원으로 받아들여주었기 때문이다. 그 이유는 우리가 1~2년 만에 떠나는 사람이 아니라는 믿음을 주었기 때문일 것이다. 본인들이 괜히 정을 주었다가 상처를 남겨줄 사람이 아니라는 것을 인식시켜주었기 때문일 것이다.
　제주에서 산 지 2년이 넘어가면서 가장 많이 받는 질문이 '제주에 언제까지 있을거냐?'는 것이었는데, 지금 생각해 보면 제주를 곧 떠나갈 사람인지 남을 사람인지를 테스트하는 질문이었다. 우리가 떠날 사람이 아니라 제주에 남을 사람이라는 것을 알고 난 뒤부터 우리를 대하는 모습이 많이 달라졌던 것 같다.

　제주로 이주해 오신 분들에게 당부드리고 싶은 것은 바로 '제주분들과 친해질 수 있는 기회를 많이 만들어야 한다.'는 것이다. 내가 먼저 손을 내밀고, 내가 먼저 다가서야지 그들이 우리를 떠날 가능성이 있는 '육지것'으로 생각하지 않을 것이다. 반상회도 나가고, 모임이 있다면 열심히 나가는 것이 큰 도움이 된다. 또 지역사회의 모임에도 일부러 찾아다니며 지역주민들과 인맥을 만들어가는 것도 중요할 것이다.
　개인적으로는 제주올레를 통해 참으로 많은 분들을 만나 친해졌으며, 제주에 정착하는 데 큰 도움을 받았다. 제주에 온 지 12개월쯤 되었을 때 제주올레에서 진행하는 '제주올레 아카데미'라는 교육프로그램에 등록을 해서 강의를 이틀 동안 들었다. 그리고 40여 분을 만났고, 그 인맥은 점점 넓어져 지금은 제주올레를 매개로 300여 분의 지역주민들과 인연을 맺었다. 참으로 좋은 분들이 많아 그분들을 만나는 것 자체도 행복이었다.
　또한 직장동료들의 만남도 자주 가지려 했다. 100명이 넘는 큰 조직이어서 병원 내에 많은 동아리 활동이 있었는데 여러 동아리에 가입을 해서 사람들과 더 많이 친해지려고 했다. 직원들의 결혼식은 물론이고 직원가족들의 장례식, 돌잔치 등에 여러 번 참석하며 제주의 문화를 익히고 많은 사람들과 친해지려 노력했다.
　또한 직업을 매개로 한 제주지역 의사회 모임, 제주 테니스 의사모임,

제주 외과 의사모임, 부산출신 의사 골프모임 등도 열심히 나갔다. 또한 일부러 취미활동을 가져 테니스 동아리, 탁구 동아리 등에 가입해서 지역주민들과 자주 만나고 기회를 많이 만들려고 했다. 이러한 노력들이 내가 제주에 정착하는 데 큰 도움이 된 듯하다.

제주행을 망설이는 분들께 제주로 가시라고 자신 있게 권유 드립니다.

과거 제주로 간다는 내게 '왜 제주로 가느냐?'고 질문했던 그분들에게 요즘 난 제주로 가시라고 자신 있게 권유 드린다. 제주는 정말 좋았고, 제주에서의 삶은 너무 행복했다고 자신 있게 말한다. 아름다운 자연환경에서 좋은 사람들과 여유가 있는 삶을 살 수 있는 곳이 제주라고 힘주어 말한다.

제주로 이주해 오는 것이 꼭 은퇴 후가 될 필요는 없다고 생각한다. 젊은 사람들도 얼마든지 가능하다. 제주에 일자리가 없어서 못 간다는 것은 변화를 거부하는 하나의 이유일 뿐이다. 이곳 역시 사람들이 살아가는 곳이므로 일자리가 얼마든지 있다. 얼마 전 통계를 보면 전국 평균 취업률이 가장 높은 곳이 제주이다.

자녀들이 성장해서 부모 품을 떠난 분들에게도 더없이 제주가 좋다. 15분만 차를 타고 나가면 대자연이 우리를 반겨주는 곳이 제주이다. 좋은 사람들이 삶의 행복을 찾아 많이들 내려와 있는 곳이 제주이므로 기회를 찾으면 좋은 사람들과 인연을 쉽게 만들 수 있는 곳이 제주이다. 제2의 고향으로 만들기에 더 없이 좋은 여건인 것이다.

행복이 돈이나 물질적인 것과는 큰 상관이 없다고 하지 않는가. 행복해지려면 욕심을 버려야 한다고 하지 않는가. 행복하려면 자연과 가까이 있어야 한다고 하지 않는가. 행복은 좋은 인간관계에 있다고 하지 않는가. 행복은 가까운 곳에 있고, 가족과 시간을 보내고 추억을 만드는 것이라고 하지 않는가.

얼마 전 아내에게 '제주가 왜 좋았냐?'라고 물었다. 나와 17년 동안, 제주에서만 7년을 산 그녀는 내게 이렇게 이야기했다.

"삶의 여유와 사람, 가족. 이것이 제주를 좋아했던 이유에요. 아이 셋과 하는 홀로육아는 진짜 다시 생각해도 온 몸이 경직될 정도로 고되고 외롭고 슬프고 두려운 순간이에요. 당신도 역시 삶의 무게를 짊어지고

열심히 일하는 것이었는데도 육아를 함께 나누지 못하는 당신이 왜 그렇게 미운지, 또한 그런 나 자신에 대해서도 실망하게 되고, 아픈 속내를 당신에게 드러내자 그 대안으로 당신은 나에게 제주의 삶을 요청했었지요.

연고 하나 없이 낯설고 이국 같은 제주에서 살기를 결정하기란 쉬운 일이 아니었어요. '지금보다는 낫겠지' 하는 마음 하나로 갔었던 제주는 처음부터 우리를 반겨주지는 않았죠. 강한 바람과 변화무쌍한 날씨로 집에 3개월 동안 갇혀 있어 더 힘들었지요. 내가 정말 제주를 좋아하게 된 것은 아마 제주의 사람들을 만나면서일 거예요. 타지에서 홀로 온 용기에 감탄해주고, 외롭지 않을까 챙겨도 주고, 더군다나 세 아이 가정이 제주에는 너무 많아 동변상련의 감정으로 서로서로 의지가 되는 것 등 감정적으로 많은 위안을 받고 마음의 치유가 된 것 같아요.

또한 당신과 아이들과 함께 하는 함께 육아는 새로운 세상이었죠. 제주로 직장 이동하면서 생긴 삶의 여유가 본격적인 아빠육아를 시작하게 하였고 그 덕에 '엄마, 아빠'인 첫째, 둘째와 달리 막내는 '아빠, 엄마'이지요. 당신의 육아동참으로 저도 숨통을 트고, 아이들도 아빠와 함께하는 행복을 느끼게 되어 얼마나 감사한지 모른답니다. 일에만 매달릴 수밖에 없던 가장의 삶에서 가족과 추억을 나눌 수 있는 아빠의 삶을 즐기는 당신이 더 멋진 것은 아시죠?

더군다나 자연과 도시가 가까이 있는 제주의 환경은 자연을 느끼고 즐길 수 있는 아이들로 성장하게 해주었죠. 구불구불 올레길, 에메랄드빛의 바다, 달의 정취를 느끼는 오름 분화구, 화산활동과 관련한 용암동굴과 현무암, 나무와 바위가 뒤엉킨 곶자왈, 흔히 들판에서 볼 수 있는 소들과 말들. 여기에 예부터 전해오는 설화들이 아이들의 감성을 채워주고 있지요.

만약 제주로 내려오기로 한 그때로 다시 되돌아가서 '제주에 살러갈까?' 라고 당신이 물어본다면, 이제는 망설이지 않고 말할 수 있어요. YES!"

2. 제주에서 7년을 살아보니

제주에서 받은 다섯 가지 큰 선물

　7년 동안 제주에서 참 신나게 즐겼다. 육지에서는 쉽게 하지 못했던 가족여행도 주말마다 쉽게 떠났다. 다른 이들은 1년에 한두 번 큰맘을 먹어야 올 수 있는 제주에서 나는 7년을 살지 않았던가! 또한 나 자신을 위한 시간도 어느 때보다 많이 가질 수 있었다. 가족들이 아침잠에 빠져 있는 주말 아침 3~4시간 동안이면 한라산 영실코스도 다녀올 수 있었고, 오름 1~2개는 어렵지 않게 다녀올 수 있었기 때문이다.

　제주에서의 생활 중 가장 기억에 남고, 가장 먼저 했던 일은 '제주올레길 걷기'였다. 굳이 스페인 산티아고까지 가지 않아도 멋진 길을 걸으며 명상할 수 있는 곳이 제주에 있었다. 제주올레길 26개의 코스를 여러 날로 나눠서 걸어 완주했지만, 몇 번을 가도 여전히 또 가고 싶은 명품 트레킹 코스이다. 혼자 걸을 때는 여러 가지 생각을 정리할 수 있어 좋고, 함께 걸을 때는 그와 이야기하며 함께 걷는 이와 깊은 인간관계를 맺을 수 있게 되어 더욱 좋다.

　두 번째로 제주에서의 삶이 행복했던 것은 자연과 함께였기 때문이다. 15분만 차를 타고 나가도 드넓은 초지와 시원한 숲길을 즐길 수 있다. 다양한 한라산 코스와 수없이 많은 오름은 수십 번을 가도 항상 새로운 느낌과 만족감을 준다. 육지 손님들이 방문했을 때도 다들 하나같이 제주의 자연에 감동받는다.

세 번째로 제주에서의 삶은 가족들에게 커다란 행복을 가져다주었다. 가족과 함께 아침을 먹고, 아이들과 저녁 시간을 보낸 덕분에 웃음이 떠나지 않는 가정이 되었다. 일에 쫓겨 여유롭게 이야기할 시간조차 없었던 나의 30대 중반의 삶과는 천지차이였다. '우리가 추구하는 행복이 이런 것이구나!'라는 생각을 제주에서 사는 동안 참으로 많이 했다. 그러니 이제는 나보다 가족들이 제주를 더 좋아하게 되었으리라.

제주가 내게 준 네 번째의 선물은 다양한 취미생활이다. 일만이 전부가 아닌 삶은 매우 행복한 삶이었다. 40년을 살면서 그동안 마음으로만 해보고 싶었던 것들을 직접 시도해 볼 수 있었던 시간이었다. 테니스를 배우고, 조금은 적은 부담으로 골프를 즐길 수 있었고, 한라산을 수십 번이나 올랐다. 탁구를 배웠고, 자전거 라이딩을 할 수 있었다. 어느 글에서는 행복의 조건 중 하나가 취미생활이라 했다. 일만이 전부가 아닌 삶은 우리에게 중요하다는 생각을 제주에서 자주 했다.

제주 생활의 다섯 번째 선물은 사람들이다. 제주올레길에는 좋은 사람들이 넘쳐났다. 제주올레 자원봉사 모임의 총무와 부회장을 맡으며 '향기 나는 사람들'과 좋은 인연을 만들 수 있었던 것은 큰 행운이었다. 걷기를 좋아하고 자원봉사를 몸소 실천하시는 분들이 모였기에 이보다 더 좋을 수 없다는 생각이 절로 들었다. 나눌 줄 알고 베풀 줄 아는 분들의 행동을 통해 많은 것을 배울 수 있다. 제주지역사회를 위해 제주올레길 쓰레기를 줍는 자원봉사를 자주 하시고, 제주올레길을 처음 걷는 분들을 위해 매일 돌아가면서 자원봉사를 하시는 그분들은 내게 '인생을 어떻게 살아야 되는지' 보여주시는 멘토분들이시다. 7년 동안 다녔던 직장 동료들도 참으로 좋은 분들이시다. 좋은 사람들과 함께 일한다는 것은 참으로 행운이었다. 그저 감사할 따름이다.

제주가 준 첫 번째 선물은 제주올레

나의 제주에서의 정착에 있어 가장 큰 기여를 한 것은 제주올레였다. 무엇보다 제주올레가 좋은 것은 걸으면서 나를 발견할 수 있다는 것이다. 걷다보면 잡념이 없어지면서 오롯이 나에게 집중할 수 있다. 멀리 산티아고까지 가서 걸을 필요가 없는 것이다. 걷는 것에 집중하고 나에게 집중하기 위해서라면 제주올레면 충분하다고 생각된다.

나의 제주올레길의 첫 경험은 '그토록 유명하다니 한번쯤 걸어보자.' 하는 호기심에서 시작되었다. 그런 마음으로 많은 이들이 즐겨간다는 제주올레 7코스로 갔다. 7시간 동안 걷기만 했지만, 난 단 한 번의 경험으로 제주올레에 완전히 빠져들고 말았다. 새로운 세상을 만난 듯 첫 경험 후 제주올레에 완전히 중독되고 말았다.

7코스를 걷기 시작한 지 1시간쯤 지나서 바다가 보이는 언덕에 앉아서 잠시 쉬었다. 그곳에서 이런저런 생각을 하고, 햇볕에 반짝이는 바다를 보며 시간이 멈추는 경험을 했다. 잠깐이라고 생각했는데 한 시간이 지나 있었다. 그렇게 제주올레길을 걷기 시작해서 5개월 동안 짬을 내어 시간될 때마다 걸었다. 26개 코스를 걷는 내내 나는 행복했다. 혼자 걸어도 좋았고, 사랑하는 사람과 걸어도 좋았고, 친해지고 싶은 사람과 걸어도 좋았다.

    제주올레를 생각하면 떠오르는 행복했던 추억은 너무도 많은데, 그중 아내와 결혼기념일에 걸었던 6코스가 최고이다. 우리는 그때 집안일 문제로 두 번째 위기 상황에 처해 있었다. 서로 오해하기도 했지만 속마음을 털어놓지 못하고 있었다. 해마다 결혼기념일에 색다른 이벤트를 했었는데 그날 처음으로 제주올레길을 같이 걸었다. 그렇게 우리는 6시간을 함께 걷고 우리를 이어주고 있는 끈을 다시 발견하고 그 끈을 단단히 조였다. 제주올레길을 통해 함께 걷고 대화를 할 수 있는 기회를 만든 덕분이었다.

    가족들 모두가 함께 제주올레 걷기축제에 참석했던 2015년도 잊을 수 없다. 2012년 처음으로 가족과 함께 참석한 제주올레 행사에서 막내는 유모차를 탄 상태였는데, 2015년에는 모두가 함께 걸을 수 있었다. 아이들이 걷는 속도가 느렸기에 오롯이 우리 가족끼리만 걸었고, 중간

에 만난 바닷가에서 한참을 놀았기에 그 코스를 완주하지 못했지만 걷는 동안 매순간이 즐거웠다.

제주올레를 즐기다보면 좋은 사람들과의 교류의 장도 많다. 매달 진행되는 '클린올레'는 제주올레길을 걸으면서 청소를 하는 자원봉사자들의 만남의 장이다. 매일 진행되는 '아카자봉 함께걷기' 행사는 제주올레 초보자를 위해 길안내를 하는 자원봉사자와 올레꾼과의 만남의 장이다. 사단법인 제주올레에서 진행하는 '제주올레 아카데미' 교육은 제주를 더 알아가는 교육의 장이다. 그 이외에도 참으로 많은 좋은 행사들이 많다.

제주로 이주를 해온 분들은 처음에 지역사회와 인연을 맺기가 힘든데, 그런 분들에게 제주올레를 통한 교류는 큰 도움이 될 것이다. 비슷한 상황인 분들이 많을 뿐더러 이주민들을 도와주고자 자원봉사하시는 제주지역주민들을 많이 만날 수 있기 때문이다. 또한 제주올레길을 걸으며 명상하고, 걷기를 통해 건강을 도모하고, 제주를 더 많이 알아갈 수 있다는 것은 덤이다.

제주가 준 두 번째 선물은 제주자연

내가 제주를 선택한 가장 큰 이유도 어찌 보면 아름다운 제주의 자연에서 아이들 클 때까지 지내고자 했기 때문이다. 아이의 성장과정뿐만 아니라 우리 부부에게도 자연이 주는 정신적 풍요로움이 매우 큰 것을 알았기에 제주로 이주하였다. 그렇게 우리 가족은 7년 동안 제주자연이 주는 혜택을 고스란히 만끽하며 지냈다. 이전에 읽은 책 '행복한 나라의 조건'에서도 행복한 나라의 조건 중 중요한 것으로 '자연과 더불어 사는 삶'을 제시하였는데 전적으로 동의하는 바이다. 지금까지 지내온 나의 삶을 되돌아봐도, 도시에서 살고 있는 지인들의 삶을 바탕으로 판단해도 자연이 주는 위대함은 크다.

제주에 살면 어디에 놀러갈지 고민하지 않아도 된다. 비싼 입장료를 낼 필요도 없다. 그냥 아침에 일어나 냉장고에 있는 음식들을 간단히 챙겨서 차를 타고 출발하기만 하면 된다. 그날 아침 아이들이 가고 싶다는 곳으로 가기만 하면 되는 것이다. 가는 데 시간이 많이 소요되는 것도 아니다. 집에서 10분만 가면 형용할 수 없이 아름다운 바닷가에서 해수욕을 할 수 있고, 15분만 이동하면 신록이 우거진 숲길을 걸을 수 있다. 그리고 30분만 차를 타고 가면 한라산 등산을 시작할 수 있고 1시간만 이동하면 집에서 가장 먼 제주지역에 도착할 수 있다.

다행스럽게도 아이들이 정서적으로 안정되고, 행동이 바르게 자랄 수 있었던 것은 제주자연 덕분이었다고 생각한다. 새소리가 수시로 들리는 숲길을 걸으며 아이들과 많은 이야기를 나누고, 무엇이든 만들어낼 수 있는 모래사장에서 아이들은 상상력을 키운다. 다른 사람들과 올레길을 걸으며 사회성을 키우고, 한라산에 오르며 도전정신을 키운다. 캠핑을 가서 별이 가득한 밤하늘을 무대삼아 캠프파이어를 하고 반딧불이를 찾으며 가족의 소중함을 배운다. 계절별로 다양하게 피어나는 들꽃을 보며 시간의 흐름을 배우고, 울창한 숲에서 나뭇잎의 색깔의 변화로 계절의 변화를 느낀다. 제주자연이 아이들에게 선생님이자 멘토인 것이다.

제주자연은 아이들뿐만 아니라 나에게도 큰 가르침과 깨달음을 주었다. 혼자서 제주를 즐길 때마다 난 힐링되는 느낌이었다. 제주올레길을 걸으며 명상하고, 한라산을 오르며 과거를 돌아보고 미래를 설계한다. 수십 개의 오름을 접하며 삶의 다양함을 배우고, 이름 없는 바닷가에서 한참을 앉아 명상에 잠긴다. 그리고 아내와 둘이서 자주 제주자연을 즐기기도 하는데 그때마다 연애하는 기분이 든다. 그리고 종종 좋은 사람들과 함께 제주자연을 즐기기도 한다. 숲길을 걸으면 자신을 내려놓고 상대방과 진솔한 대화를 하기가 쉬워진다. 제주올레길을 하루종일 같이 걸으면 예전부터 알고 지낸 사람인듯 관계가 깊어진다. 캠프파이어에 초대하여 하루저녁 같이 식사하면 소중한 이웃사촌이 된다. 한라산 백록담에 같이 다녀오면 끈끈한 동지애가 절로 생겨난다. 그 덕분에 이제는 제주 곳곳이 가족들과 지인들이 함께 만든 추억의 장소로 가득하게 되었다.

제주가 준 세 번째 선물은 우리 가족의 행복

　제주로 내려오면서 가장 많이 변한 사람은 바로 아내이다. 아내는 대학교 4학년 때 결혼을 해서 졸업식할 때 첫째를 임신하고 있었기에 졸업 이후에는 직장 대신에 가정을 선택했다. 아내는 항상 일을 하고 싶어 했지만 육지에서 사는 동안은 일을 할 수가 없었다. 첫째가 걷기 시작할 때쯤 둘째가 태어났고, 연이어 셋째까지 임신을 했기 때문이었다. 그런 아쉬움을 제주에서 해결할 수 있었기에 아내는 제주를 엄청 좋아했다. 워낙 활동적이고 학구적인 스타일인 아내가 제주에 온 덕분에 날개를 달고 원하는 일을 할 수 있게 되었던 것이다.

첫째인 딸은 제주에 와서 아빠를 많이 찾게 되었다. 놀다가 일이 생겨도 엄마만 찾던 딸은 아빠를 자주 찾았다. 아빠가 좋아하는 제주올레길을 걸으러 갈 때도 종종 따라다니며 자원봉사를 한다. 걷는 걸 싫어하던 딸이 제주에서 자연에 동화되어 즐기는 모습을 보면 참 많이 달라졌구나 싶었다.

내가 가장 바쁜 시기에 태어나 아빠의 사랑을 제대로 받지 못했던 둘째는 아빠의 퇴근을 가장 기다렸다. 내가 전임의 과정을 거치고, 대장항문 전문병원에서 여러 가지를 한창 배우는 시기에 둘째는 태어나고 자랐다. 그래서 둘째의 성장일기는 내가 직접 만들지 못했고, 함께 놀러갈 기회도 적어 어릴 적 추억이 많지 않았다. 아빠로서 항상 그것이 미안했는데 제주에서 지낸 7년 동안 내가 가장 많은 것을 해준 가족멤버가 둘째라서 다행이다 싶었다. 주니어 축구클럽을 다니기 시작한 아들과 축구도 많이 했다.

셋째는 태어나고 100일 때부터 제주에 살아서 달라진 것이라고 할 것은 없다. 막내의 인생 전체가 제주에서 진행되었으니 말이다. 첫째, 둘째와 비교해 보면 막내 아들은 제주생활의 가장 큰 수혜자였다. 셋째가 어린이집에서 돌아오는 5시 10분에 아빠가 기다리고 있을 정도였으니까 말이다. 제주에서의 나의 직장은 다른 곳보다 출근을 한 시간 빨리 하는 대신에 퇴근을 5시에 했다. 그래서 나는 저녁식사를 대부분 집에서 했는데 그 덕분에 막내에게 아빠란 존재는 가족과 함께 저녁시간 내내 노는 사람으로 각인되었다.

우리 가족의 제주에서의 가장 큰 변화는 가족과 함께하는 시간이 많아졌다는 것이다. 그리고 가족여행을 많이 다니게 된 것이다. 아침식사는 물론이고 저녁식사를 함께 하지 못했던 날이 많았던 육지생활에 비하면 제주에서는 삶은 완전 다른 세상이었다. 서너 달에 한 번 놀러갈 정도였던 육지생활에 비하면 한 달에 서너 번 여행을 갈 정도였다. 함께 캠핑을 가서 캠프파이어를 하며 이야기를 하고, 아이들과 자전거로 해안도로를 달리고, 제주올레길을 걸으며 청소하는 자원봉사모임에 온 가족이 함께 가고, 아들과 한라산 백록담을 다녀오고, 남들 평생 한두 번 가보는 제주여행지를 일 년에 여러 번 갈 수 있게 되었다.

아빠로서 아이들에게 해줘야 하는 가장 큰 것이 어릴 적 추억을 만드는 것이라고 하는데 그런 면에서 보면 제주라서 참 다행이다 싶었다. 남

편으로서 아내에게 해줄 수 있는 가장 큰 것이 함께 시간을 보내고, 아내의 자아실현을 돕는 것이라고 하는데 제주라서 참 다행이다 싶었다.

제주가 준 네 번째 선물은 취미생활

  35년을 살면서 하고 싶었던 취미생활을 제주에서 살았던 7년 동안 원 없이 했다. 등산, 트레킹, 테니스, 골프, 탁구, 캠핑, 자전거, 요리, 피리, 오카리나, 중국어 공부, 영화 감상 등. 입원실이 없고 수술을 하지 않는 건강검진 전문기관에서 근무를 한 덕분에 저녁과 주말에는 이전과 비교해서 여유시간이 많기 때문이었다. 대부분의 여유시간에는 가족들과 함께했지만 짬을 내면 나 혼자만의 취미생활을 즐기기에 충분한 시간을 가질 수 있었다.

  2011년 9월에 제주에 내려와서 가장 먼저 한 취미는 한라산 등산과 제주올레길 걷기였다. 그리고 제주올레를 완주한 후 2012년부터는 제주의 오름과 숲길을 걷는 트레킹에 빠져살았다. 5개월간 제주오름 120군데를 돌아보고 제주의 많은 숲길을 빠짐없이 걸었다. 그리고 2012년 후반부에는 중국어 공부에 3개월간 올인하였다. 그때가 한창 중국인들이 제주에 많이 오시던 시기라서 병원 차원에서 중국인들을 대상으로 한 검진을 준비했기 때문이다.

  2013년에는 체중감량 10kg을 목표로 일주일에 4~5번씩 테니스를 한두 시간씩 했다. 1년간 한라수목원 산책 100회 목표도 달성했다. 후반기에는 국악아카데미에 참가신청해서 피리도 배웠다. 2014년에도 테니스는 계속 했고, 제주올레 아카데미 총무를 맡으면서 다시 제주올레에 많은 시간을 할애했다. 지금도 지속하고 있는 아이들과 쿠키와 빵 만들기 등 요리를 다시 시작한 것도 이맘때쯤이다.

2015년 상반기까지 테니스를 계속했다. 그런데 테니스엘보우가 생기면서 운동을 골프로 바꾸었다. 육지와 비교하면 제주에서 골프를 즐기는 것은 경제적으로 부담이 덜하다. 물론 그전에도 간간이 골프를 했었는데 2015년에는 골프를 유난히 자주 갔었다. 덕분에 싱글도 기록하며 최저타 기록도 갱신했다. 가족들과 본격적으로 캠핑을 시작한 것도 2015년부터이다. 2016년에는 운동을 탁구로 변경하였다. 예전부터 해보고 싶었던 운동이 탁구였기 때문이다. 1년간 거의 매일이다시피 탁구장에 가서 땀을 흘렸다. 악기는 오카리나를 한동안 배웠다. 그리고 자전거를 탔다. 로드싸이클을 중고로 구매하여 멋진 제주자연을 배경으로 자전거도로를 달렸다.

제주로 내려오기 전까지는 이러한 취미생활은 나에게 그림의 떡이었다. 하루 종일 병원에서 살아야만 했고, 짬이 나면 피곤해서 잠자기에 급급했기 때문이다. 저렴한 가격에, 때로는 비용 지불없이 쉽게 많은 취미생활을 할 수 있는 것이 제주가 주는 또 다른 혜택이다. 우리나라에서 가장 아름답고, 가장 높은 산인 한라산을 쉽게 갈 수 있고 무료로 이용할 수 있다. 세계에서 가장 멋진 트레킹 코스인 제주올레길 역시 무료이다. 제주올레길은 3번을 완주해도 그때마다 다른 느낌을 받는 명품길이다. 수많은 오름은 제각각 다른 느낌을 주고, 제주바다는 언제 가도 늘 아름답고 새롭다. 캠핑장은 참으로 많고 저렴하여 쉽게 이용할 수 있다. 시에서 운영하는 캠핑장은 하루 이용료가 3,000원이다. 자전거도로도 잘 정비되어 있어 많은 이들이 라이딩을 즐기는 곳이 제주이다. 문화공연 역시 다른 어느 지역보다 많고 저렴하다. 육지에서는 몇만 원 하는 공연이 제주에서는 그보다 50% 이상 저렴한 가격이고, 관광객이 많이 방문하는 시기에는 무료로 하는 공연도 참으로 많다. 레포츠를 즐길 수 있는 기회도 많은 곳이 제주라서 의지만 있다면 제주가 주는 선물로 취미생활을 가질 수 있는 것이다.

제주가 준 다섯 번째 선물은 제주사람들

제주에 살면서 가장 감사한 것이 좋은 사람들을 많이 만났다는 것이다. 제주자연을 즐기는 것도 좋았고, 가족들과 행복한 시간을 보낸 것도 좋았는데, 감사한 인연들이 함께 했기에 더욱 제주에서의 삶이 행복했다.

제주분들은 참으로 정이 많다. 내 곁을 떠나지 않을 거라는 믿음을 주면 완전한 사랑을 아낌없이 주신다. 이토록 많은 관심과 지원을 받아도 될까 싶을 정도로 그들에게 감사할 때가 많다. 우리 가족이 제주에 처음으로 터를 잡은 곳은 대규모 단지의 아파트였다. 아들인 둘째가 통제 안 되고 뛰어다닐 3살 때인지라 층간소음이 자주 발생했었는데 아랫집 아저씨가 몇 차례 항의방문을 하셨다. 이사 오고 6개월이 지날 때쯤에는 식탁의자가 조금만 움직여도 초인종이 울릴까 걱정이 될 정도였다. 하지만 그간 엘리베이터에서 열심히 인사를 드리며 죄송하다고, 조심하고 있다고 말씀을 드려서인지 1년쯤이 지나고 나서부터는 음식을 주고받으며 나눠먹을 정도로 친한 사이가 되었다. 그분 말씀이 금방 떠나는 분들이 많아서 처음부터 정을 주는 것이 어렵다고 하셨다.

    제주생활 2년이 지나면서 다행히 집을 구입해서 총 거주세대가 19세대 정도 되는 단독 아파트에 살았다. 그 아파트에는 오랫동안 살고 계신 분들이 많아서 다들 가족 같고, 반상회는 가족회의 같은 분위기였다. 주차장에서 만나도 반갑게 인사를 하고 음식을 자주 나눠주셨다. 아이들이 주차장에서 웃고 떠들어도 웃으며 아이들을 귀여워해 주실 뿐이었다. 이웃사촌이 친척처럼 지낼 수 있다는 사실을 제주에서 깨닫게 되었다.

    직장 동료들과도 가족같이 지냈다. 개인이 운영하는 병원이 아니라서 그런지, 국민건강을 책임지고 지역주민의 건강을 책임진다는 사명감으로 일을 해서 그런지 한국건강관리협회 제주자치도지부 직원가족들은 다들 착하고 인정이 넘쳤다. 이곳에서 이전에 다니던 병원들에서는 느껴보지 못한 가족적인 분위기를 참으로 많이 느꼈다. 7년을 근무를 해서인지 직장동료라기보다는 예전부터 잘 알고 지내오던 이웃 같았다. 함께 볼링도 치고, 탁구도 치고, 골프도 즐겼다. 수시로 저녁회식도 하고, 동료들과 개인적으로 따로 놀러 가기도 했다. 제주에 정착하고 안정적으로 생활할 수 있었던 밑바탕에는 나의 직장과 직장동료분들이 계셨기 때문일 것이다.

    제주에 좋은 분들이 유난히 많은 것은 아닐 것이다. 하지만 제주에 살면 좋은 분들을 유난히 자주 만날 수 있는 것은 분명하다. 위대한 자연을 통해 겸손함을 배우고자 하는 이들을 찾아가고, 이웃에게 자주 인사하고, 함께 어울리고자 하는 기회를 자주 만들어간다면 말이다.

존경하는 내 친구, 올레 성곤에게

제주가 저절로 아름다워졌을지는 만무하다.

쉼 없이 사방에서 불어오는 바람, 거친 파도, 억센 태풍, 그들의 상처들이 모여 만들어진 그 땅에 성곤 너란 사람이 동화되어 아름다움이 극에 달한다.

제주는 그저 아름답지만 내게선 낯설어 멀게만 느껴졌었는데 그곳에 자네가 머물게 된 후론 너의 손끝에서부터 푸르름이 스며 번져 나 또한 푸르름에 물들게 되었고 자주 찾고자 한다.

친구야, 까까머리 십대 변성기를 지나 누구보다도 찬란한 에너지를 한없이 발산하던 젊은 시절의 너의 모습과, 가도 가도 설레는 제주의 모습이 교차되어 오늘은 네가 더 보고 싶어지는구나.

좀 더 시간이 지나 염색하는 것이 귀찮아질 나이가 되었을 때 제주의 햇살과 바람에 섞여 우리의 흰머리 날리며 자전거 바퀴 한번 세게 밟아보고 싶다.

PS) 깜깜한 캠핑장, 별빛을 조명삼아 우리 가족을 위해 구워내 주었던 전복들도 잊을 수 없는 짱짱한 추억이 되었다. 고마움을 전한다.

- 한조 보냄 2017 -

지인이 보내는 편지 2

존경하고 사랑하는 제주인 성근아.

자네를 부르는 호칭이 여러 가지지만 이번에 느끼게 된 가장 멋진 호칭 중에 하나는 바로 '제주인'이 아닌가 싶네. 요즘 세상에 토박이가 어디 있겠는가! 다들 그곳에 사는 생활인이 아닌가 싶은데, 제주가 이슈가 되면서 몇 년 짧게 살고 다시 대도시로 복귀하는 사람들 얘기도 간혹 언론에서 접하게 된다네. 그런 사람들이 과연 '제주인'일까? 제주의 화려한 생활만 쫓는 생활인이 아닌 그야말로 제주를 보여줄 수 있는 사람, 그 사람이 바로 제주인이고, 그 사람이 바로 성근 자네가 아닌가 싶네.

그런 의미에서 제주 시내에 있는 돈** 브랜드 체인점 말고 정말 제주의 맛은 무엇일까 궁금해졌다네. 이전 한국건강관리협회 연수원 옆 작은 수육 가게는 정말 인상적이었다네. 고기의 두툼함에서 오는 제주 인심도 감동적이었지만 국수며, 된장이며……. 투박함보다는 '아! 이게 제주 맛이구나'하는 걸 느낄 수 있는 감동적인 순간이었다네. '제주인 성근'이 추천하는 '제주의 맛'은 또 무엇이 있을까? 다음 기회가 있다면 자네와 함께 느낄 수 있었으면 하는 작은 바람도 가져 본다네.

이번 집필이 계기가 되어서 묻게 되는 것이지만 언제곤 한번 물어 보고 싶었던 것이 있다네. 이제껏 살아오면서 내 삶을 지탱해 주고 있는 정서 중에 가장 큰 부분은 바로 어릴 때 긴긴 방학 동안 시골에서 지냈던 기억과 그 방학보다 훨씬 더 길었던 26개월간 군대 생활에서 강원도 자연에 대한 기억이라네. 어릴 때 시골에서 아무것도 모른 채 산과 들을 돌아다니며 그저 지루함을 달래줄 놀이를 찾아 다녔었는데 20대 초반에 강원도에서의 생활은 매일매일 자연의 변화가 내겐 그 무엇보다 큰 힘이 되었다네. 매일 계절의 변화, 밤을 넘어 새벽으로의 변화 등등 내겐 너무나 소중한 기억이라네.

그런데 지금 우리는 한 가정의 가장으로서 무거운 짐을 지고 살아가고 있잖니. 내 친구 성근이는 과연 가장으로서의 삶과 제주가 가진 환경으로서의 꿈을 어떻게 바라고 있을까 궁금하다네. 극소수만이 가질 수 있는 전문가로서의 위치가 주는 장점에서 가능한 영역일 테지만 그런 위치에 있더라도 감히 함부로 선택할 수 없는 제주에서의 긴 생활을 하고 있어서 그런 고민들 속에서 자유롭지만은 않지 않을까 생각이 되었다네. 자네가 보여준 제주의 자연 환경 그리고 각종 활동들을 보면 이 시대를 살아가는 99%의 가장들에게는 감히 실행에 옮길 수 없는 부러움이 아닐지.

앞서서 세계 여행하는 디지털 시대에 스마트폰이 아닌 편지글이 낯설기도 하지만 한편으로는 한자 한자 써 내려가면서 생각을 싣기에는 편지가 좋다는 생각이 드네. 40대의 치열함 속에 살아가고 있지만 서로가 얼굴 보며 반갑게 얘기할 수 있는 그날을 기다려 본다. 잘 지내렴.

오늘 하루도 제주인으로 열심히 살았을 당신을 생각하며…….

서울에서 기동이가. 2017

• • • 지인이 보내는 편지 3

"제 친구를 소개합니다. 우리들의 대통령 이성근"

오랜만에 친구에게 편지를 써봅니다.
아마 내 기억으로는 군대 훈련소 시절 이후 약 22년 만에 글을 보내는 것 같습니다.
너무도 소중하고 그리운 친구인데 이 편지 한 통을 쓰기까지 22년이 걸렸다는 게 미안하지만 지금 이 순간만큼은 누구보다 행복하고 기쁜 순간입니다.

늘 친구 성근은 그런 사람입니다.
아침에 눈을 뜨면 오늘 하루는 어떤 일들이 있을까 하는 설렘과 기대 그리고 새로움을 전해주는 특별한 능력을 가지고 있으며, 때로는 외계에서 온 우리와는 다른 생명체라는 신비함을 지니고 있으며, 항상 낮은 곳을 보며 그들의 아픔과 어려움을 헤아리는 Last Humanist이자 그 이름 석 자만으로도 행복과 기쁨을 나눠주는 향기로운 사람입니다.
단 한 번도 고맙다는 말을 해본 적이 없기에 이 자리를 빌려 친구 성근에게 고맙다는 인사 전합니다.

우리들의 대통령 이성근. 그 어떤 수식어도 그에게는 부족하며 채워지지 않습니다.
성근이를 떠올리면 생각나는 단어들……. 인도, 고스톱, 골프, 3점 슈터, 외계인, 히말라야, 설악산, 제주, 소록도, 캐나다, 그리고 부모님과 가족 외에도 아마 수백 가지 단어들과 함께 이루어져야 할 우리 성근이.

  많은 사람들은 일상의 바쁨 속에서 꿈, 도전, 희망을 찾기 위해 노력하지만 대부분은 현실과 타협점을 찾으며 그 노력을 먼 훗날, 불투명한 미래 속으로 던져버립니다. 감히 성근이는 이런 현실과 타협하지 않으며 매 순간 최선을 다하고 즐기는 친구입니다.

  제주 의사 성근이를 말과 글로 표현할 수 없습니다. 꼭 한번 그와 얼굴을 마주하고 대화하며 그의 맑고 밝은 미소를 체험하세요.

  제주에는 바람, 여자, 돌 그리고 이성근 박사가 있습니다. 단 한순간도 잊지 않고 있습니다. 우리들의 꿈이 이루어지는 그 날을…….

  대통령 이성근 그리고 사랑한다는 말 꼭 한번 외쳐보고 싶었습니다.

제주 의사 이성근을 그리워하며 서울에서 창현 Dream. 2017

II. 제주 가족여행

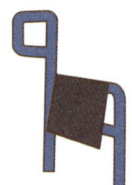

1. 우리 가족이 꼽은 제주의 베스트 여행지 10

제주 가족여행을 7년간 313번 다녀오다.

　가족과 함께 많은 시간을 보내고자 제주로 이사를 왔다. 그리고 예전부터 원없이 제주여행 하기를 꿈꿔왔다. 그래서 2011년 9월 제주로 이사를 오고 가족과 함께 열심히 제주여행을 떠났다. 남들은 숙박비 내고 항공권 구매해서 오는 제주여행이었지만 우리는 이 모든 것이 필요없었고, 그냥 차를 몰고 가기만 하면 되었다. 대부분 제주의 아름다운 자연과 벗하는 여행이었지만, 간혹 입장료가 있는 곳은 도민할인이라는 특혜도 받았다.

　7년 동안 우리 가족이 놀러간 기록들을 정리해 보니 총 313회 가족여행을 떠났다. 대부분 당일 여행이었고, 1박 2일 여행은 31번이었다. 그리고 우리가 간 장소는 168곳이고, 그중 제주의 관광지는 138곳이다.

우리 가족이 즐긴 138곳을 일일이 소개해드리는 것은 지면상 한계가 있어, 그중 우리가 자주 간 10곳을 소개하고자 한다.

1) 우리 가족이 가장 자주 간 곳은 절물자연휴양림

절물자연휴양림에서 숙박을 하기 위해서는 미리 예약을 해야 한다. 근데 제주에 있는 휴양림을 예약하는 것은 상당히 힘들다. 시설이 좋고, 가격이 저렴하여 워낙 인기가 많기 때문이다. 우리는 7년 동안 절물자연휴양림에서 한번도 숙박은 하지 않았지만 여러 번 놀러갔다. 숙박을 하지 않아도 즐길 것이 많기 때문이다.

먼저 어린이 놀이터가 여러 군데 있다. 그래서 첫째 딸의 반친구 모임으로 간 적도 있다. 숲속에 위치한 놀이터라 아이들이 자연속에서 뛰어

놀 수 있다. 그리고 수많은 삼나무들 사이에 쉴 수 있는 평상 같은 공간이 100여 개 넘게 있어 많은 사람들에게 휴식처를 제공해준다. 또한 목공예실에서 만들기 체험도 할 수 있다. 나무를 소재로 목걸이를 만드는 체험을 언제든지 신청해서 할 수 있는데 우리 아이들이 가장 좋아하는 체험행사이다.

내가 절물자연휴양림을 좋아하는 이유는 다양한 트레킹 코스를 갖추고 있기 때문이다. 반기문 전 유엔사무총장님이 오셔서 걸었다는 30분 코스의 '생이기정길'부터, 코스를 완주하는 데 3시간이 넘게 걸리는 '장생의 숲' 코스까지 다양하다. 휠체어도 갈 수 있을 정도로 편안하게 걸

는 '너나들이길'도 1시간 코스로 걸을 수 있고, 15분이면 절물오름 정상에 올라 한라산과 제주시를 조망할 수 있다. 2시간 정도 소요되는 머체왓길도 있는데, 이 코스는 한라생태숲과 연결되어 두 군데를 함께 즐길 수도 있다.

절물자연휴양림

주소 | 제주특별자치도 제주시 명림로 584
연락처 | 064-728-1510

소개글

다양한 산책로가 정비되어 있는 곳이며, 정상에는 '말발굽형' 분화구 전망대가 있습니다. 정상에서는 제주시를 전체적으로 조망할 수 있으며, 동쪽으로 성산일출봉까지도 보입니다.

또한 이곳은 삼나무로 둘러싸인 휴양림 내에 다양한 동식물이 서식하고 있으며, 약수터, 연못, 잔디광장, 산책로 등은 물론이거니와 숙박시설도 마련되어 있기에 단순히 걷는 것만으로 끝나는 것이 아니라 하룻저녁 묵어갈 수도 있는 곳입니다.

하늘을 빽빽이 덮은 숲속을 걷다 보면 사람이 아니라 날것의 자연이 빚어내는 소리가 귀를 간지럽힙니다. 이곳은 제주도에 있는 자연휴양림 중에 단연코 최고이기에 여유를 만들어서라도 찾아가시라고 권유 드립니다. 그리고 한 번 걸어보세요.

겨우 숲속을 걷는 것이 뭐 그리 대단한 경험이냐고 생각할 수 있겠지만 저는 이곳에서 자유와 행복을 찾았습니다.

절물자연휴양림은 다른 곳과 다르게 30분 코스, 1시간 코스, 2시간 코스, 3시간 코스 등 정말 많은 산책코스가 있습니다. 자연휴양림에서의 숙박이 아니더라도 이곳에서 힐링의 산택(山澤)을 해보시면 어떨까 합니다.

지인들이 오시거나 가족들과 어디 갈까 고민할 때 자주 가게 되는데 여러 번 가도 갈 때마다 좋다는 느낌을 받고 온다. 더운 여름에 걷고 싶을때는 특히나 좋고, 수국이 피는 5~6월에 가도 좋다. 둘이서 진지하게 이야기하고 싶을 때 가도 좋고, 혼자서 사색하며 걷고 싶을 때도 자주 가는 곳이다.

2) 눈썰매를 공짜로 기다리지 않고 즐기다

해마다 겨울에 눈이 올 때면 아이들과 눈썰매를 타러 간다. 제주에 오고 첫 번째 겨울이 지나서는 아예 눈썰매 타는 장비를 구매할 정도였다.

겨울에 제주시에는 눈이 자주 오지 않아도 중산간 지역에는 종종 눈이 온다. 눈이 와서 어느 정도 쌓인 주말에는 어김없이 아이들이 눈썰매를 타러 가자고 조른다.

제주에서 눈썰매를 탈 수 있는 곳은 참 많다. 대표적인 곳은 마방목지로 넓은 초원이 드넓은 눈썰매장으로 변한다. 무척 넓은 곳이라 눈썰매를 타는 장소도 동시에 10여 군데가 만들어진다. 따라서 눈썰매를 타는데 기다리는 시간은 없다. 타고 내려갔다가 다시 출발지로 올라가면 바로 탈 수 있는 것이다. 물론 입장료도 없다. 내 어릴적 뒷동산에서 눈썰매를 타듯 자연속에서 그냥 즐기면 되는 것이다.

마방목지 이외에도 4.3 평화공원 근처에도 눈썰매를 타러 갔고, 어승생악 저수지 근처로도 갔었다. 약간의 경사도가 있는 50m 정도 되는 내리막길이라면 어디든지 눈썰매장으로 활용할 수 있는 것이다. 우리가 가장 자주 가는 눈썰매장은 마방목지 근처에 있는 제주왕벚꽃 자생지이다. 적당한 슬로프 길이에 바람도 나무들이 막아주는 천혜의 장소이기 때문이다.

3) 제주도립미술관은 제주의 첫인상

제주에 살자고 아내에게 제안을 하고 답사차 제주를 처음으로 아내와 제주도에 왔을때, 여기저기 살 곳을 물색하고 비행기 시간이 남아 잠시 들렀던 곳이 제주도립미술관이다. 그래서인지 평소 미술관을 좋아하는 아내에게 제주의 첫인상은 덕분에 좋게 남았다. 그리고 7년을 살면서 종종 제주도립미술관을 찾았다.

집에서 차로 10분 거리에 있기 때문이기도 하지만 손쉽게 좋은 미술 작품을 접할 수 있기 때문이었다. 아이들을 위한 미술 프로그램도 매년 두 차례 진행하는데 첫째 아이도 초등학교 2학년 때 8주짜리 프로그램에 참여하여 활동하기도 했다.

미술에 큰 관심이 없는 나는 제주도립미술관의 카페를 가장 좋아한다. 카페 밖으로 보이는 풍광이 무척 멋진데 제주의 바람에 일렁이는 물결을 보고 있으면 마음이 저절로 편안해진다. 제주도립미술관은 입장료도 저렴하여 온 가족이 가도 5,000원이면 된다.

4) 비싼 입장료가 아깝지 않은 에코랜드

둘째와 셋째가 제주에서 좋아하는 3곳 중에 한 군데에 속하는 에코랜드를 우리는 여러 번 갔다. 입장료가 매우 비싼 편이지만 그래도 이곳만큼은 흔쾌히 자주 갔었다. 그만큼 매력적인 곳이기 때문이다. 특히나 어린아이와 함께 간다면 더없이 좋은 곳이다.

제주도립미술관

주소 | 제주특별자치도 제주시 1100로 2894-78
연락처 | 064-710-4300

소개글

이름은 미술관이지만 단순히 그림을 전시하는 것뿐만 아니라 시민 교양 강좌, 어린이 미술학교, 청소년 진로 교육 등의 프로그램도 운영하고 있습니다. 물론 제주에서만 느낄 수 있는 다양한 예술작품을 만날 수 있는 곳이기도 합니다.

사실 미술이라는 것은 한없이 쉬운 것 같으면서도 꼼꼼히 따지고 들어가면 굉장히 어렵지 않습니까? 저처럼 미술에 관심이 적은 사람이라면 말이죠. 그렇기에 진지하게 미술관 안을 둘러보다 보면 작품을 감상하느라 기운이 쪽 빠질 수도 있습니다. 저는 그럴 때 제주도립미술관의 카페를 찾습니다. 그림을 감상하며 느낀 그 모든 것을 정리하면서도 편히 쉴 수 있는 공간은 필수불가결이죠.

이곳의 카페는 특별하기도 합니다.

햇살은 들어오되 바람은 들어오지 않고 맑은 투명 유리창으로 밖의 풍경은 내다볼 수 있지만 그렇다고 소음이 들리는 건 아닙니다. 제주도립미술관의 건물 앞에는 얕지만 넓은 연못과도 같은 공간을 만들어놓았습니다. 따사로운 햇살에 덮인 카페에서 조용히 제주 바람에 이끌려 흔들리는 얕은 물결을 바라보고 있노라면 시간도 물처럼 흘러감을 알게 되죠.

많은 사람들이 찾는 곳이기에 입장하는 데 다소 시간이 걸린다. 특히나 기차를 타고 시작하기 때문이기도 하다. 하지만 기다리는 20여 분간 아이들은 기차를 탈 기대에 한껏 마음이 부푼다. 제주에서는 기차를 탈 수 있는 기회가 없기 때문이다. 제주에는 지하철도 없고, KTX도 없다. 그리고 기차를 타고 3군데의 정차역에 내려서 구경하게 된다. 첫 번째 기차역에 내리면 넓은 호수가 나온다. 너무 예뻐서 종종 CF 촬영을 하는 곳이다. 첫 번째 호수역에서 내려 두 번째 기차역까지는 걸어가게 된다. 가는 동안 여기저기 아이들이 놀만한 공간이 있다. 세 번째 기차역에 내리면 아이들 놀이터가 따로 마련되어 있다. 처음 갔을때 우리 아이들은 이 놀이터에서 3시간을 넘게 놀았다. 지인들과 갔을 때도 놀이터에 아이들을 놀게 하고 지인들과 커피 한 잔하면서 담소를 나누곤 했다. 네 번째 기차역에는 예쁜 꽃들과 함께할 수 있다.

우리 가족이 에코랜드에서 가장 좋아하는 곳은 세 번째 기차역에 내려서 갈 수 있는 곶자왈 걷기코스이다. 관광객들은 잘 안 가는 곳으로, 30분 코스도 있지만 1시간 30분 코스를 우리는 더 좋아한다. 잘 정비된 숲길을 걸으며 우리 가족은 웃고 장난친다. 해설사와 함께 걸어도 좋다. 30분 정도 걸으면 무인카페에 도착하는데 이곳에서 반나절 내도록 가족과 시간을 보낸 적도 있다. 책도 읽고 넓은 마당에서 이런저런 놀이도 하면서 말이다.

많은 관광객들은 에코랜드를 1~2시간 만에 둘러보고 다음 관광지로 떠나지만 우리는 한 번 가면 대부분 하루 종일 있다가 온다. 그만큼 여유와 웃음을 만끽할 수 있는 곳이다.

에코랜드 테마파크

주소 | 제주특별자치도 제주시 조천읍 번영로 1278-169
연락처 | 064-802-8000

소개글

　기차를 타고 곶자왈 원시림을 여행하는 테마파크입니다. 유료시설이기는 하지만 지인들이 방문하면 우리 가족들이 가장 많이 찾았던 곳입니다. 특히나 기차를 타고 가면서 역마다 내려 둘러보고 다음 기차를 타는 재미가 아이들에게는 특별합니다. 기차는 일정한 간격으로 계속 운행되며 각 역에서 즐긴 뒤 원하는 기차에 탑승하는 형식으로 운영됩니다. 억새길, 수변산책길, 단풍나무와 수국이 아름다운 꽃길을 걸을 수도 있고, 사계절 노천 족욕탕에서 발을 담글 수도 있습니다.

　이곳은 처음부터 끝까지 무엇 하나 빼놓을 수 없을 만큼 좋은 곳입니다.

　첫 번째 역에 내려서 둘러보는 거대한 호수는 '보고 싶은 마음이 호수만 하니'(정지용 시인의 〈호수〉)라는 시구에서 이때 바다가 아니라 왜 호수를 사용했는지 알 수 있게 해줍니다.

　도심 생활공간과는 전혀 다른 설렘을 안겨줍니다.

　두 번째 역은 아이들에게도, 아이들을 데리고 온 부모에게도 즐거운 곳입니다.

　풍차와 싸우러 가는 돈키호테의 소설 속에 들어온 듯 하거든요.

　그리고 세 번째 역에서 내리면 놀이터 반대편으로 곶자왈 걷기 코스가 있습니다. 이곳 곶자왈 트레킹은 인공적인 요소가 적절하게 가미되어 있어 더욱 편리하며, 시간만 잘 맞춘다면 자연해설사와 함께 걸으며 설명을 들을 수 있다는 특색도 갖추고 있죠. 또한 곶자왈 트레킹의 반환점에는 조용한 카페가 있어 시간가는 줄 모르고 푹 쉬다 올 수도 있습니다.

　꽃이 만개한 네 번째 역도 사람들은 좋아합니다.

　기억에 남을 감성 사진을 찍기에 최적화된 곳이 아닌가 싶어요.

　이렇게 4개의 역을 다 둘러보고 나면 종착역으로 돌아오게 되는데 다시 첫 번째 역으로 갈 수 없으니 정차하는 역에서 충분히 즐기고 오는 것이 필요합니다.

5) 제주의 밤은 별빛누리공원이 밝힌다.

　여행객들은 제주에서 밤에 할 것이 없다고들 자주 말씀하신다. 음주가무를 좋아하지 않거나 아이들과 함께 온 가족여행객들은 특히 그러하다. 그런 경우 나는 고민 없이 별빛누리공원을 추천한다. 우리 가족도 종종 밤에 가서 별과 달을 보고 오곤 했다. 몇 번 간 뒤에는 아예 평생회원으로 가입을 했다.

　별빛누리공원은 우주와 천문에 관한 수준 높은 전시물을 많이 보유하고 있고, 다양한 체험활동을 손쉽게 할 수 있는 장소이다. 우리 아이들이 좋아하는 것은 4D 체험관과 의자에 누워 밤하늘의 별을 가상으로 체험하는 곳과 직접 망원경을 통해서 달과 별을 체험하는 공간이다. 여러 번 갔는데도 갈 때마다 신기해하고 재미있어한다. 또한 별빛누리공원에서는 제주도립미술관처럼 아이들을 위한 프로그램을 자주 운영하는데 첫째도 8주짜리 프로그램에 참여하여 창작물을 만들어낸 적도 있다.

　밤에 날씨가 너무 좋아 하늘의 별이 몇 개 보이는 날이면 아이들은 별빛누리공원에 가자고 이야기한다. 그리고 차로 20분이면 갈 수 있는 곳이기에 우리 가족은 망설이지 않는다.

제주별빛누리공원

주소 | 제주특별자치도 제주시 선돌목동길 60 (오등동)
연락처 | 064-728-8900

소개글

　우주와 관련된 다양한 시설을 갖추고 있는 곳으로 특히 밤에 가면 좋습니다. 제주의 밤을 만끽할 수 있는 곳은 많지만 아이들과 같이 밤에 어딘가를 간다면 제주별빛누리공원을 선택하시는 게 어떨까 합니다.

　1층에는 별과 관련한 4D 영상관이 있는데 갈 때마다 아이들은 재미있어 하죠.

　2층에는 반구 모양의 스크린을 통해 우주에 대한 영상을 감상할 수 있는 천체투영실과 별과 관련한 시설이 갖춰진 전시실이 있습니다. 특히나 천체투영실에서 누워서 영상을 보다보면 쏟아질 것 같은 별들과 신비로운 우주의 모습에 감동을 받지 않을 수 없습니다.

　제가 가장 좋아하는 곳 중 하나이며, 좋아할 수 밖에 없는 이유들이 가득한 곳입니다.

　3층에는 여러 종류의 천체 망원경이 갖춰진 관측실이 있는데 시간에 맞춰 직접 달과 별을 관측할 수 있습니다.

　혹여 아이에게 별에 대한 공부를 시키고 가야 하나 하는 걱정을 하실 필요가 없습니다. 해설사가 자세한 설명을 해 주며, 아이들에게 "저 별은 아빠별이고 저기 있는 저 별은 엄마별이고 저기 있는 저 별은 너의 별이다." 라고 하며 시간을 보내는 것만으로도 잊지 못할 추억거리가 될 것입니다.

6) 세계자연유산이라는 이름에 걸맞게 최고인 성산일출봉

제주에 세계자연유산으로 지정된 곳이 몇 군데 있다. 한라산, 성산일출봉, 거문오름 용암동굴계(거문오름, 만장굴 등) 등 모두 다 훌륭하다. 그중 가장 많은 이들이 찾는 곳은 성산일출봉이다. 첫째인 딸도 제주 여행지 중에서는 최고로 꼽는 곳이다.

성산일출봉은 높아 보이지만 20분이면 올라갈 수 있는 오름이다. 일출을 보러 1월 1일에도 가보고, 성산 근처에 들를 일이 있으면 잠깐의 시간을 내어 오르곤 하는 곳이다. 제주올레 1코스에 포함되어 있어 상당히 친숙한 곳이기도 하다. 그리고 지인들이 제주로 여행을 오시면 여행코스로 빠지지 않고 추천하는 곳이기도 하다.

성산일출봉

주소 | 제주특별자치도 서귀포시 성산읍 성산리1
연락처 | 064-783-0959

소개글

  2000년에 천연기념물로, 2007년에 세계 자연 유산으로 등재된 곳으로 제주하면 빼놓을 수 없는 유명한 곳입니다. 제주도에 오시는 분이라면 빠트리지 않고 방문하는 곳이며, 저희 가족도 많이 방문 했었습니다.

  성을 닮았다 하여 성산(城山)이라 부르다가 해 뜨는 모습이 매우 아름답기에 일출(日出)봉이라는 이름이 다시 붙어 성산일출봉이 되었습니다. 이름에 걸맞게 해돋이 명소로 유명한 곳으로 몇 년 전에 산책로를 정비하여 이용이 더 편해졌습니다. 보기에는 높아 보이지만 15분 정도만 걸어 올라가면 금방 정상에 도착하는 흥미로운 곳입니다.

  광활한 하늘과 바다가 맞닿는 신비로움이 그 곳에 있습니다.

  수없이 오랜 시간 중에서 단 하루도 해가 떠오르지 않는 날은 없지만 성산일출봉에서 바라보는 일출은 특별합니다. 그래서인지 저는 성산일출봉에 오를 때마다 새로운 다짐을 하게 됩니다.

  성산일출봉에서의 일출이 부담스럽다면 근처 광치기해변에서 바라보는 일출도 의미 있습니다. 성산일출봉을 배경으로 떠오르는 일출이 장관이기 때문이죠. 물론 광치기해변 자체도 풍경이 아름답습니다.

7) 누구에게든 1순위로 추천하는 거문오름 트레킹

내가 제주에서 가장 추천하는 여행지는 거문오름 트레킹이다. 미리 예약을 해야 하는 번거로움은 있지만 2시간 정도 소요되는 거문오름 트레킹은 예약을 하고 찾아갈 만큼 충분한 가치가 있다. 사전예약제는 거문오름이 세계자연유산으로 지정된 곳이라 이를 보호하기 위함이다.

거문오름 트레킹은 자연해설사분과 함께 2시간 정도를 걸으며 거문오름에 관한 설명을 듣는 프로그램이다. 거문오름뿐만 아니라 제주자연에 관해서 많이 배울 수 있다. 지인들이 오시면 항상 추천하는데 나이 어린 아이들도 참여할 수 있을 정도로 그리 힘들지 않다. 처음에 약간의 오르막만 잘 통과하면 그 뒤로는 내리막과 평지이다.

우리 가족은 1년에 한번 7월에 개최되는 국제 거문오름 트레킹 행사에 자주 참여했다. 평소에는 갈 수 없는 코스를 이때만 걸을 수 있기 때문이다.

거문오름

주소 | 제주 제주시 조천읍 선교로 569-36
연락처 | 064-710-8981

소개글

거문오름은 2005년에 천연기념물로, 거문오름 용암동굴계는 2007년에 세계유산으로 등재되었습니다. 그래서 사전에 허락받지 않고 무단으로 출입하면 퇴장당하는 건 물론이고 문화재보호법에 따라 처벌받을 수 있으므로 사전에 예약이 필요합니다. 사전 예약을 하면 자연해설사와 함께 거문오름을 걸으면서 다양한 설명을 들을 수 있는데, 특히 아이들에게 큰 도움이 됩니다.

거문오름은 1년에 한번 트레킹 행사도 하는데 평소에 폐쇄되어 있는 길도 특별히 개방이 되니 시기를 잘 맞춰 참석해보시는 것도 좋을 듯 합니다.

제주를 패키지여행으로 오시는 관광객 분들은 웬만하면 오름에는 들르지 않습니다. 왜냐하면 오름을 단지 '산'이라고만 생각하기 때문입니다. '산은 육지에서도 얼마든지 오를 수 있는데 뭐 하러 굳이 제주도에 와서까지 산행을 해야 하냐?'고 생각하는 것일까요?

제주의 오름은 단순한 산이 아닙니다.

조금이 아닌, 아주 특별하다 할 수 있습니다. 오름은 제주의 자연이 만들어낸 작품이며, 사람들이 만들어낸 것과는 차원이 다른 예술품입니다. 오름을 오르면서, 오름의 정상에서 바라보는 제주의 모습은 또 다른 모습으로 다가오죠. 368개의 제주 오름 중 120개의 오름을 다녀본 제가 자신 있게 이야기하건데 제주의 오름을 보지 못하고 집으로 돌아가신다면 제주를 반밖에 보지 못한 것이라고 감히 말할 수 있습니다.

8) 제주도에서 아이들이 자전거 타기 좋은 곳은 탑동광장

아파트 마당과 근처 놀이터에서도 자전거를 자주 타지만 작정하고 자전거를 탈 때는 탑동광장으로 갔다. 서울의 여의도공원 같은 곳이 제주는 탑동광장이다. 제법 넓고 자동차가 없는 곳이라 마음놓고 자전거를 탈 수 있었다. 첫째가 인라인스케이트를 배운 곳도 이곳이다.

막내는 보조바퀴가 달린 자전거를 타고, 둘째는 두발 자전거를, 첫째는 인라인을 탔다. 자기네끼리 잘 놀기 때문에 아빠가 할 일은 세 명을 번갈아가며 챙기는 일뿐이다.

9) 제주의 홍대, 월정리해변

제주에서 사는 7년 동안 가장 많이 변화한 곳이 월정리해변이다. 처음에 제주에 왔을 때는 조용하고 아름다운 바다풍광을 구경할 수 있는

탑동광장

주소 | 제주 제주시 중앙로 1

소개글

　면적이 12,430m²에 다다르는 공원으로 제주도에서는 꽤 넓은 장소라서 아이들이 자전거를 안전하고 신나게 탈 수 있는 장소입니다. 오래 전에 탑이 동쪽에 하나, 서쪽에 하나가 있어서 탑동이라 불리었지만 해안을 매립하면서 없어졌다고 합니다.

　고(故) 최인훈의 〈광장〉은 다음과 같은 문장으로 시작합니다.

　'바다는, 크레파스보다 진한, 푸르고 육중한 비늘을 무겁게 뒤채면서, 숨을 쉰다.'

　이는 탑동광장에서 볼 수 있는 바다에 대한 묘사라고 해도 과언이 아닐듯 합니다. 탑동광장에서 즐길 수 있는 것은 매우 다양하지만 그중에서 가장 보아야 하는 것은 역시 바다가 아닌가 싶습니다. 긴 방파제와 방파제를 둥지삼은 갈매기와 그 사이를 파고드는 파도와 푸르른 바다는 언제 보아도, 몇 번을 보아도 질리지 않는 것입니다.

　이곳에 자전거와 인라인을 많이 탔었습니다.

　제주도에서 자전거를 안전하고 원 없이 탈 수 있는 곳이기도 합니다.

　인라인을 대여해 주는 몇 안 되는 곳이기도 하고요. 몇 시간을 놀다가 지치면 바로 옆에 있는 '흑돼지거리'에서 맛있는 식사를 하세요. 그리고 나면 하루의 풍만함이 몸을 감쌀 것입니다.

곳이 월정리해변이었다. 2~3개뿐이었던 카페 중 한 곳에서 커피 한잔 하며 조용한 바다를 바라보고 있자면 근심걱정이 없어지는 기분이었다. 그런데 요즘은 천지개벽이 된 듯 완전 분위기가 바뀌었다. 개인적으로는 지금의 월정리도 좋다. 제주에서 홍대분위기를 경험할 수 있기에.

최근에 예쁜 카페들이 많이 생겼다. 해수욕하는 데 도움이 되는 편의시설도 생겼고, 바다를 거닐기에도 좋게 정비도 되었다. 특히 젊은 분들이 제주에 오시면 월정리해변을 추천드리는데 바다 색깔이 너무 예뻐서 그냥 바라만 봐도 힐링되는 기분을 느낄 수 있기 때문이다.

10) 제주의 핫플레이스, 애월한담 산책로

예전에는 조용하게 산책할 수 있는 곳이었던 애월한담 산책로는 최근에는 사람들이 많이 찾는 곳으로 변했다. 그 가치가 사람들에게 인정받아 많이 유명해져서이기도 하지만 최근 예쁜 카페들이 들어서면서 더 그렇게 바뀐 것 같다. 그리고 이곳에서 투명카약을 타는 것도 아이들은 좋아했다.

월정리해수욕장

주소 | 제주특별자치도 제주시 구좌읍 월정리 33-3

소개글

　달(月)이 머무는(停) 마을(里)의 해변입니다. 이 월정리는 최근 몇 년간 가장 번화해졌고, 사람들이 많이 찾는 곳입니다. 제가 제주도에 이주할 때만 해도 매우 조용했던 곳이었는데 이제는 카페들로 넘쳐나고, 사진촬영을 하는 사람들로 붐비는 곳이 되었습니다. 바라만 봐도 차분해지는 바다가 있고, 그 경치를 편안하게 누릴 수 있는 카페가 있는 해변입니다.

　왜냐하면 바다의 색은 보라카이 해변에 지지 않고 백사장 모래는 우유니 소금사막에 밀리지 않기 때문입니다. 흔히 에메랄드빛 바다라고 하는 곳은 동남아에만 있는 곳이라고 생각할 수 있는데 월정리해변에 찾아와보시면 꼭 그렇지도 않다는 사실을 알 수 있을 것입니다. 등잔 밑이 어둡고, 파랑새는 집에 있듯이 연녹색 바다에 새하얀 백사장은 꼭 멀리 가야만 찾을 수 있는 건 아닙니다. 제주도가 이국적인 곳이라는 평가를 받는 이유 중에 한 곳이 월정리해변입니다.

　또한 월정리해변에는 일정한 높이의 파도가 끊이지 않으며, 수심이 얕아 물놀이하기에도 안성맞춤입니다. 그래서 여름에는 물놀이하는 분들도 많이 계시죠.

　특히나 이곳에는 맛집도 많고, 아담하면서 예쁜 게스트하우스도 많아 젊은 분들도 많이 찾는 휴양지입니다.

　단 식당의 가격대가 다소 높고 주차시설이 조금 부족합니다.

　하지만 제주도의 핫플레이스인 곳이며 사람들이 끊임없이 찾아가는 곳이니 한번 가보셔야 하지 않을까요.

우리 가족은 주로 저녁 무렵에 이곳을 갔다. 노을 질 때가 특히 아름답기 때문이다. 운이 좋아 날씨까지 도와준다면 지금까지의 인생에서 가장 아름다운 노을을 볼 수 있을 것이다. 특히나 해수욕을 하면서 보는 노을은 최고의 추억이 되었다.

애월한담 산책로

주소 | 제주특별자치도 제주시 애월읍 곽지리 1359

소개글

그전에는 아는 사람만 찾아가던 곳이었으나 2013년에 SBS에서 방영한 드라마『결혼의 여신』을 통해 알려진 후 핫플레이스가 된 곳입니다.

드라마에서는 잠깐 스쳐 지나간 곳이나 시청자들에게는 강렬한 인상을 남겨주었고, 몇 년 전 유명가수가 카페를 오픈하면서 더 많은 분들이 찾아오는 곳이 되었습니다.

애월한담 산책로는 곽지과물 해변까지 연결된 산책로로 총 길이는 1.2km로 아주 짧은 편입니다. 짧기에 아이들과 걷기에 좋은 곳인 건 비밀 아닌 비밀입니다.

특히나 산책로는 바닷가와 인접하게 조성되어 있어 바닷가에서 노는 시간이 걷는 시간보다 더 소요될 수 있습니다. 그래서 이곳을 찾을 때는 여유 있게 아이들 옷을 준비하는 것도 좋습니다.

애월한담 산책로는 2009년에 제주시가 선정한 '제주시의 숨은 비경' 31곳 중 하나였지만 이제는 '숨은 비경(祕境)'이 아닌 단지 '비경(祕境)'이 되어버렸습니다. 특히나 이곳은 해질 무렵이 환상적입니다. 산책로를 걸으면서 맞이하는 노을도 좋지만 물속에서 해수욕을 하면서 바라보면 석양도 좋습니다. 워낙 전망이 좋기에 많은 카페와 숙소들이 있는 건 당연한 것일지도....

2. 우리 가족의 제주 버킷리스트 10

제주에 가족과 함께 가시면 어디로 가시나요?

　제주로 가시는 많은 가족여행객들이 주로 찾는 곳은 몇 군데로 한정되어있다. 용두암, 우도, 정방폭포, 천지연폭포, 여미지식물원, 한림공원, 마라도, 성산일출봉, 협재해수욕장, 함덕해수욕장, 만장굴, 외돌개 등 가장 대표적인 제주 관광지를 가신다. 물론 이곳들이 좋지 않다는 것은 절대 아니다. 많은 이들이 찾는 유명한 곳이고, 그만큼 아름다운 풍

광이 있는 곳이다. 그리고 가족의 취향에 따라, 여행의 컨셉에 따라 여행지는 다양할 수 있다.

여기에서 소개하고자 하는 곳들은 당연히 우리 가족만의 버킷리스트이다. 168곳의 제주여행지를 다닌 7년간의 제주생활에서 기억에 남는 10군데를 소개하고자 한다. 기회가 된다면 한번쯤 가족과 함께 가보시기를 권유드린다.

1) 우리 부부가 제주와 첫사랑에 빠진 비자림

　제주로 이사오기 전 첫째를 임신하고 태교여행을 제주도로 왔을 때 아내와 같이 간 곳 중 비자림이 가장 인상적이었다. 태고의 신비를 간직한 듯한 비자림 숲을 걸으면서 '이런 곳이 있는 제주도에 살았으면 좋겠다.'고 생각했다. 우리가 제주도에 살아야겠다고 처음으로 생각한 곳이 비자림인 것이다.

　결국 태교여행 후 7년 만에 우리 가족은 그때의 소원대로 제주도로 결국 이사를 갔다. 그리고 한 번씩 비자림을 걸으며 이전의 아름다운 추억들을 꺼내며 다시 한 번 신혼시절로 돌아가곤 했다. 그렇게 비자림에 한번 다녀오면 우리는 다시 행복해졌다.

　비자림은 비자나무가 유난히 많은 숲으로 유모차를 끌고도 거닐 수 있는 길지 않은 숲길이다. 길도 잘 정비되어 있고, 곳곳에 쉴 수 있는 공간이 마련이 되어 있어 가족여행객들에게는 안성맞춤이다. 몇 년 전부터는 숲해설사까지 대기하고 계셔서 원하시면 해설사와의 투어를 신청

할 수 있다. 숲해설과 함께 걸으면서 자연에 대해 배울 수 있어 아이들 교육에도 큰 도움이 되는 곳이다. 그래서 지인들께서 '제주에 어디가 좋으냐?'고 물으시면 항상 비자림을 빠트리지 않는다.

비자림

주소 | 제주특별자치도 제주시 구좌읍 비자숲길 55
연락처 | 064-710-7912

소개글

500~800년생 비자나무들이 자생하는 숲으로, 비자나무 외에도 나도풍란, 콩짜개란, 비자란 등 희귀한 난과식물도 자생하고 있습니다. 비자림은 우리 가족이 제주에 사는 7년 동안 수없이 찾았던 곳입니다. 사실 제주도에서 살기 전 태교여행으로 갔을 정도로 소중한 추억이 한가득 쌓인 곳입니다. 몇 년째 저의 핸드폰 바탕화면의 사진이 비자림에서 찍은 우리 가족사진이라는 사실로 판단해도 비자림은 제게 아주 의미 있는 곳이죠.

비자림에서의 하이라이트는 트레킹입니다. 울창한 숲 속 한가운데를 거닐다 보면 심신의 피로가 햇살에 녹아 흘러내리는 경험을 할 수 있는데, 비자림의 길은 평지라서 누구나 쉽게 이 평화를 즐길 수 있습니다. 현대인에게 숲 한가운데를 걷는 경험은 결코 쉬운 일이 아닐 것입니다. 이토록 울창한 숲을 걷지 않는다는 것이야말로 시간을 낭비하는 것이자 제주를 낭비하는 것입니다.

특히나 비자림은 비가 올 때 걷기 좋은 트레킹 코스입니다. 폭우가 아니라면 비자림의 길은 질퍽거리지 않습니다. 많은 화산송이와 울창한 숲 덕분에 비를 피해 걸을 수 있습니다.

그리고 트레킹 코스의 반환점의 1,000년 된 비자나무를 감상하는 것도 큰 의미가 되어 다가올 것입니다.

'월령공주'에 나오는 숲속의 분위기까지는 아닐지라도 육지에서는 경험해 보지 못한 체험을 할 수 있을 것입니다.

2) 오름의 황제 어승생악은 우리 가족에게 특별한 추억이 깃든 곳

어승생악은 한라산을 즐기는 몇 가지 코스 중 한 개이다. 하지만 한라산 정상으로 가는 길에 있는 것이 아니라 한라산 어리목 주차장에서 정상으로 향하는 길의 반대편에 위치해 있다. 어승생악은 제주의 368개의 오름 중 오름의 황제라고 불리기도 한다. 정상에서 바라보는 풍광도 거의 황제급이다.

어승생악 정상까지는 혼자 걸으면 20분이면 올라갈 수 있는 거리이지만 아이들과 함께 걸으면 1시간 정도 소요된다. 곳곳에 자연에 관한 자세한 안내 표지판이 설치되어 있는데 그 내용을 바탕으로 이런저런 이야기를 하다보면 시간가는 줄 모른다. 약간 가파르지만 5살 아이도 혼자 걸을 수 있는 난이도이다.

우리 가족에게 어승생악은 추억이 많은 곳이다. 엄청나게 눈이 많이 온 다음날 눈꽃 구경하러 온 가족이 가서 미끄러지듯 내려온 적도 있고,

자연해설사와 함께 1시간 넘게 천천히 올라간 적도 있고, 장인어른과 둘만 가서 일출을 본 적도 있다. 흐린 날에 올라갔더니 모든 구름이 어승생악 아래에 놓여있어 구름 위에서 산책을 하는 듯한 느낌을 받기도 했다. 맑은 날은 멀리 성산일출봉과 산방산이 보이고 추자도까지 보일 정도로 풍광이 좋은 곳이다. 그리고 언제 올라도 한라산 백록담을 조망할 수 있어 한라산을 조금이라도 느끼고 싶은 분에게는 강력 추천하는 곳이다.

어승생악

주소 | 제주특별자치도 제주시 해안동

소개글

한라산 등산로 중 가장 짧은 산행길(총 거리 0.9km)로, 높이 1,176m의 단일 분화구가 있는 오름입니다. 한라산 백록담을 오르는 산행코스는 아니지만 한라산 정상을 조망하기에는 좋은 곳입니다. 더군다나 30분이면 올라갈 수 있기에 아이들과도 쉽게 찾아가서 전망을 만끽할 수 있는 곳입니다. 또한 어승생악에서 바라보는 제주도의 모습도 압권입니다. 멀리 동쪽으로는 성산일출봉이 보이고, 서쪽으로는 차귀도가 보입니다. 날씨만 좋다면 추자도는 물론이고 전라남도의 다양한 섬들도 육안으로 볼 수 있습니다.

어승생악은 제주도 '오름의 황제'라고 불립니다.

제주에는 각양각색의 오름이 있는데 가는 곳마다 다른 느낌을 줍니다.

길이 제대로 정비되어 있지 않거나 외진 곳을 제외하면 120군데 정도의 오름을 즐길 수 있는곳으로 어승생악이 최고입니다. 더 좋은 것은 어승생악은 자연해설사와 함께 트레킹 하는 것도 가능하다는 것입니다.

미리 신청하는 것이 더 좋고, 현장에서도 시간만 맞는다면 자연해설사와의 탐방이 가능합니다.

3) 가족 모두가 함께 갈 수 있는 한라산 영실코스

한라산을 오르는 코스는 크게 5가지이다. 한라산 백록담까지 가는 성판악코스와 관음사 코스가 있고, 윗세오름까지만 올라갈 수 있는 어리목코스와 영실코스와 돈내코 코스가 있다. 한라산 백록담에 둘째와도 올라갔고, 장모님과도 올라갔지만 가족 모두가 같이 가기에는 한라산 영실코스가 제격이다. 2시간이면 목적지인 윗세오름에 도착할 수 있고, 계단 등으로 잘 정비가 되어 있어 올라가는 길이 험하지 않기 때문이다. 또 다른 코스보다 올라가는 동안 계속 풍광이 좋아 중간중간 쉴 때 감탄사를 연발하게 된다.

아내 스케줄로 아이들을 혼자 봐야할 때 종종 가는 곳도 한라산 영실코스였다. 올라가는 중간 중간에 이정표로 빨간 리본 표식을 달아놓았는데 아이들에게 리본표식 찾는 미션을 주면 엄청 잘 올라간다. 나보다 앞서서 뛰어다닐 정도이다. 중간에 500m 정도 힘든 구간만 잘 통과하면 나머지 구간은 수월하다. 윗세오름 근처의 선자지왓은 거의 평지로 하늘의 정원이라고 불릴 정도로 아름답다. 산철쭉이 피는 봄에 가면 그 어떤 식물원을 능가할 정도이다.

한라산 영실코스

주소 | 제주특별자치도 서귀포시 하원동

소개글

총 길이 5.8km로 한라산 등반코스로 가장 아름다운 구간으로 꼽히는 길입니다. 특히나 차로 등산로 앞의 1,280m 고지까지 올라갈 수 있어 더욱 거리와 시간을 단축할 수 있습니다. 어리목코스에 비해 짧은 시간에 윗세오름까지 도착할 수 있다는 장점이 있으며, 비교적 경사가 급한 영실분화구 능선을 제외하고는 대부분 평탄하여 걷기 쉬운 편인 점도 장점입니다.

하지만 어리목 코스처럼 영실코스는 백록담에 직접 오를 수 없다는 단점이 있습니다.

영실코스 중 생김새가 마치 병풍과 같아 병풍바위라고 불리는 이곳은 그 아름다움이 말로 표현할 수 없을 정도입니다.

비오는 여름에 가면 깜짝 폭포까지 볼 수 있으며, 겨울에는 위엄을 풍기는 병풍바위에 엄숙함마저 느낄 수 있습니다.

제주는 차로 다니는 곳이 아니라 발로 걸어 다녀야 하는 곳입니다.

특히나 한라산은 산을 좋아하지 않는 사람이라도 꼭 한번 올라가 보시기를 추천 드립니다.

체력과 시간적인 문제로 인해 한라산의 정상인 백록담까지 올라가지 못하는 경우에는 윗세오름까지라도 꼭 올라 한라산의 정기를 느껴보셔야 합니다.

그래야만 제주가 어떤 곳인지 약간이나마 알 수 있을 것입니다.

4) 아이들과 함께 올레길을 걷는다면 10-1코스(가파도)를 추천합니다.

제주올레를 좋아하는 아빠를 둬서 가족들도 제주올레길을 참으로 많이 걸었다. 클린올레 등에 참여하면서 26번 올레길을 걸었다. 나와 아내가 가장 좋아하는 곳은 21코스이지만 아이들이 최고로 꼽는 곳은 10-1코스인 가파도 올레이다. 거리도 가장 짧고, 거의 평지라서 걷는 것이 수월하다. 그리고 15분간 배를 타고 가서 재미있기도 하고, 바다를 보며 걸을 수 있기 때문인 듯하다. 그리고 봄에 갔던 가파도 청보리 축제가 좋았기 때문일런지도 모르겠다.

아이들이 특별히 가파도를 좋아하는 이유는 무엇보다 자전거를 빌려서 차 걱정 없이 신나게 자전거를 탈 수 있기 때문일 것이다. 아직은 유

명하지 않은 곳이라 찾는 사람이 적고, 섬 전체가 조용하기에 평화로운 느낌까지 받는다. 한번은 2인용 자전거를 빌려서 딸과 함께 탔는데 데이트하는 기분이 들기도 했다. 그리고 아들들과 작은 규모의 가파 초등학교의 운동장에서 시간 가는 줄 모르고 놀기도 했다.

10-1 가파도 올레길

주소 | 제주 서귀포시 대정읍 가파리

소개글

가파도는 작아서 두 시간만 걸어도 한 바퀴 돌아볼 수 있습니다. 그리고 마라도에 비해서 많은 사람들이 찾지 않는 곳이라 조용히 산책하며 걸을 수 있죠. 개인적으로 좋아하는 '섬 속의 섬'이라 제주에 사는 7년 동안 10번 넘게 다녀왔습니다(마라도를 1번 다녀온 것과 비교됩니다). 특히나 가파도 청보리 축제기간에 가면 운치가 더없이 좋습니다. 해발고도가 얼마 되지 않는 가파도이기에 청보리와 바다가 평면처럼 느껴집니다. 가파도에서 바라보는 제주 본섬의 모습도 가히 감동적입니다. 멀리 한라산 백록담을 최고봉으로 군산과 송악산을 비롯한 많은 오름들이 한눈에 들어오는 장관이 펼쳐집니다.

그래서 저는 가파도에 제주올레 10-1코스가 개장했을 때 아주 기뻤습니다.

가파도 올레길은 단순히 일직선으로 걸어가는 것이 아니라 섬 안을 큰 물결 모양으로 한 번 휙 도는 형태입니다.

게다가 이 코스는 난이도도 매우 낮을 정도로 걷기 쉬운 곳입니다. 거의 평지로 되어있어 아이들과 걷기도 하고, 자전거를 타기도 하면서 자주 즐겼던 곳입니다.

사람들은 밋밋함에 식상해하기도 하지만 여유롭게 걷고자 하는 이들에게 가파도는 성지 같은 곳입니다.

5) 다랑쉬오름에서 반딧불이를 보다.

　나의 제주에서의 버킷리스트 중 하나로 오랫동안 남아 있던 '다랑쉬오름에서의 반딧불이 보기'는 모구리 야영장에 가족과 함께 간 어느날 갑자기 이루어졌다. 혼자만이 아니라 가족과 함께여서 더욱 행복했다.

　우리 가족은 모구리 야영장에 2박 3일 일정으로 여러 번 갔었다. 낮에는 근처 우도에 가거나 근처 오름에 가곤 했고, 밤에는 주로 캠프파이어하면서 가족들과 이야기하는 경우가 대부분이었다. 근처에 있는 다랑쉬오름을 가족들과 밤에 오르는 것이 다소 위험하다고 판단해서 못하고 있다가 한번은 모험하는 기분으로 늦은 오후에 다랑쉬오름을 올랐다.

　다랑쉬오름은 다소 가팔라서 성인들도 중간중간 쉬어가면서 30분 이상을 올라야 하는 곳이다. 하지만 정상에서의 전망은 참으로 좋아 제주 동부 지역 오름의 랜드마크라고 평가받는다. 그런 다랑쉬오름을 막내를 거의 업다시피해서 1시간 이상 고생해서 올랐다. 그리고 준비해간 아빠표 충무김밥을 먹으며 저녁노을을 감상했다. 다행히 그날은 그 시간에 사람이 없어서 정상에서 밤을 기다리며 우리 가족은 노래 부르기 경연 대회도 가졌다. 그리고 밤이 되고 우리는 그토록 기다리는 반딧불이와 바로 옆에서 인사했다.

다랑쉬오름

주소 | 제주 제주시 구좌읍 세화리

소개글

다랑쉬오름은 동쪽 지역 오름의 랜드 마크입니다. 그만큼 제주도의 오름을 대표하는 오름 중에 하나입니다. 성산일출봉에서 차로 약 20분 거리에 있으며, 382.4m 높이입니다. 다랑쉬오름은 아름다운 곡선 형태이며 전망 또한 매우 기찬 오름입니다. 하지만 등반로가 다소 가팔라서 몇 번을 쉬었다 올라야 하죠. 쉼을 필요로 하는 몇 안 되는 오름이 이곳입니다.

본래 다랑쉬오름 아래에는 다랑쉬라는 이름의 마을이 있었지만 제주 4.3 때 모두 불에 타서 사라져버린 아픈 역사도 있습니다.

다랑쉬오름에 관련된 우리 가족의 추억은 참으로 많습니다.

특히 정상에서 만난 반딧불이 체험은 최고였습니다. 일부러 반딧불이를 보기 위해 다소 늦은 시간에 다랑쉬오름을 올랐고, 정상에서 석양을 감상하기도 했습니다. 주위가 깜깜해지면서 우리를 감싸는 반딧불이들이 밤을 밝혀 주기도 했습니다.

그저 지난 추억만으로도 가슴이 따뜻해지는 기분이네요.

다랑쉬오름을 찾으셨다면 바로 맞은편에 있는 '아끈다랑쉬오름'도 가보시기를 추천 드립니다. 작은 다랑쉬오름이라고 불리는 아끈다랑쉬오름에서 바라보는 다랑쉬오름의 모습도 멋지지만 그곳에서 바라보는 용눈이오름의 모습도 장관입니다.

사진작가 김영갑씨가 이곳에서 용눈이오름을 찍은 이유를 알 수 있게 될 것이며, 가을에는 억새의 장관에 춤추게 될 것입니다.

6) 가족캠핑의 천국 모구리 야영장

　여전히 우리 가족의 캠핑은 초보자 수준이다. 제주에 와서 캠핑을 시작하여 지금까지 30번밖에 가보지 못했기 때문이다. 하지만 제주는 캠핑의 천국이기에 부담 없이 캠핑을 즐길 수 있었다. 제주도에 많은 캠핑장이 있지만 우리 가족은 8군데 캠핑장을 가보았다. 가장 많이 간 곳은 청소년 야영장이며, 그 다음이 모구리 야영장이다.

　우리 가족이 가장 좋아하는 캠핑장은 모구리 야영장이다. 전기시설도 잘 되어 있고, 텐트 설치를 위한 사이트 구축도 잘 되어 있고, 아이들이 싫어하는 모기도 적다. 주위 여건도 좋아 깨끗하고, 운동장까지 구비되어 있어 축구와 공놀이와 자전거 등 아이들과 놀 수 있는 여건도 좋다. 야영장 안에 모구리오름도 있어 오름 산행을 가족과 같이 해도 좋고, 밤에 캠프파이어도 할 수 있어 더없이 좋다.

집에서 다소 먼 위치라는 유일한 단점이 있어 주로 2박 이상 할 수 있는 연휴에 가곤 했다. 우리 가족의 캠핑의 초창기 시절이 담겨있는 곳이라 정이 많이 가는 곳이다.

모구리 야영장

주소 | 제주 서귀포시 성산읍 서성일로 260
연락처 | 064-760-3408

소개글

2003년에 만들어진 청소년 수련시설로 161,000m²의 부지에 극기훈련장, 축구장, 오름 산책로 등이 마련되어 있으며 캠핑시설이 무척이나 넓습니다. 2020년에 여성가족부가 주최하고 한국청소년정책연구원이 주관한 청소년수련시설 종합평가에서 최우수기관으로 선정될 정도로 멋진 곳입니다.

이제는 우리나라도 캠핑을 즐기는 이들이 꾸준하게 늘어나고 있는 것이 사실입니다. 제주도에서 최고의 캠핑장을 꼽으라고 한다면 우리 가족은 모구리 야영장을 최고로 선택할 것입니다.

집에서 쉬는 것도 편할 수 있지만 365일 중 하루저녁 정도 캠핑을 하며 집에서의 쉼과는 또다른 편안함을 느껴보세요.

365일 중에 며칠은 밖에 나와 고기도 구워먹고 캠프파이어도 하고 좋아한다면 술도 좀 마시며…

누군 빡빡한 삶에 사치라고 할지라도 한번쯤은 이 같은 캠핑 한번 즐겨보시는 것도 좋지 않을까요?

슬기로운 의사생활에 나오는 주인공이 캠핑을 즐겼던 것처럼 여러분들도 저희 가족처럼 캠핑의 매력에 빠져보시기를 추천 드립니다. 저의 로망이었고, 제주에서 할 수 있었던 여유의 결정체를 '모구리 야영장에서의 캠핑'이었다고 자신 있게 말씀드립니다.

7) 제주올레 걷기축제를 가족과 함께 즐기다.

　제주에 오자마자 제주올레에 빠져 7년 동안 그 매력에서 벗어나지 못한 나로 인해 우리 가족이 가장 많이 참석한 제주도에서의 축제가 제주올레 걷기축제이다. 그리고 가장 기억에 남는 축제도 이것이다.

　2015년 우리 가족은 21코스에서 진행되는 제주올레 걷기축제에 참석하여 다 함께 걸었다. 21코스는 우리 가족이 첫 번째로 다 함께 걸은 의미 있는 제주올레 코스로 21코스 개장식에 참석했었다. 그때는 생후 1년도 안 된 막내를 유모차에 태워 걸었는데 어찌나 바람이 많이 불던지 다녀와서 아이 세 명 모두가 한동안 감기로 병원 신세를 져야했다. 그리고 3년이 지나 우리 가족은 21코스를 다 함께 걸었다. 유모차를 탔던 막내가 뛰어다닐 정도로 성장한 뒤였다. 중간중간에 아이들이 바다에서 논다고 완주하지는 못했지만 지금까지 나의 제주올레 관련 추억 중 가장 멋진 장면으로 기억되고 있다.

제주올레 걷기축제

주소 | 제주특별자치도 서귀포시 중정로 22 2층 사단법인 제주올레
연락처 | 064-762-2190

소개글

　제주에는 '제주올레길'이 있습니다. 산티아고 순례길에 뒤지지 않을 멋진 트레킹 코스가 제주도에 있습니다. 저 역시 산티아고 순례길을 다녀왔지만 저는 제주올레길이 더 좋았습니다. 바다도 있고, 오름도 있고, 사람도 있기 때문이죠.

　제주올레 걷기축제는 425km의 제주올레길을 즐기는 축제입니다.

　과거에는 1년에 2~3개 코스씩 함께 걷는 축제로 진행되다가 코로나 문제로 최근에는 다른 방식으로 진행되고 있습니다. 축제 방식은 변할지 몰라도 제주올레 걷기축제를 즐기는 사람들의 마음은 변하지 않았습니다. 걷는 것을 통해 힐링을 하고, 함께 걷는 사람을 통해 나를 알아가는 것입니다.

　'걷는 것이 어째서 축제냐, 축제라기 보단 고행이 아니냐?' 라고 생각이 들 수도 있지만 그건 우스갯소리로 '천만의 말씀, 만만의 콩떡'입니다.

　제주올레길은 단순히 이동을 위한 길이 아니라 제주의 모든 것을 온몸으로 체감할 수 있는 곳으로만 짜여져 있는 '길'이 있기 때문입니다.

　단지 걸을 뿐만 아니라 제주 구석구석을 둘러보고 느끼게 해줄 수 있는 길이며, 그래서 제주의 매력을 깨닫게 만드는 길이 바로 제주올레길인 것입니다.

　또한 제주사람들이 살아가는 모습을 직접 바라볼 수 있고, 제주의 자연을 만끽할 수 있는 길이 제주올레길이며, 이것이 제주올레 걷기 축제입니다.

그 이외에도 아내와 둘이서 첫 번째로 참석했던 14코스에서의 제주올레 걷기축제도 기억에 남는다. 아내에게 내가 제주올레에 빠지게 된 이유를 느끼게 해준 의미 있는 제주올레 걷기축제였기 때문이다. 당시 제주올레 아카데미 총동문회 총무를 맡아 자원봉사자로 활약하는 모습을 본 아내는 그 후 더 이상 내가 제주올레에 나가는 것을 반대하지 않았다.

8) 우리 가족이 가장 좋아하는 해수욕장은 곽지과물 해수욕장

협재해수욕장, 함덕해수욕장 등 제주의 해수욕장은 어디를 가도 좋다. 그리고 언제 가도 좋다. 해수욕장마다 특색이 있고, 사람들마다의 취향에 따라 좋아하는 해수욕장은 다르지만 수많은 제주의 해수욕장 중 우리 가족이 가장 좋아하는 곳은 곽지과물 해수욕장이다.

아직 사람들에게 많이 알려져 있지 않아 조용하게 즐길 수 있다. 또한 곽지과물 해수욕장 입구에는 분수대가 있어 아이들이 놀기에도 좋고, 폭포수처럼 흐르는 용천수 목욕탕이 있어 더위를 한방에 날릴 수 있다. 무엇보다 제주시와 가까워서 접근성도 좋고, 애월한담산책로와도 이어져있어 볼 것도 많다. 특히나 저녁에 바다에 몸을 담그고 노을을 보고 있으면 천국에 있는 듯하다. 그래서 가까운 지인들이 오면 우리는 곽지 과물 해수욕장으로 간다. 물론 다른 일반적인 사람들이 '어느 해수욕장이 좋냐?'고 물어보시면 협재해수욕장과 함덕해수욕장이 좋다고 말하지만 말이다.

곽지과물 해수욕장

주소 | 제주특별자치도 제주시 애월읍 곽지리
연락처 | 064-728-3985

소개글

길이 약 350m, 폭 70m의 백사장에 평균 수심은 1.5m로 해수욕하기에 좋은 곳입니다. 가까운 곳에 협재해수욕장과 이호해수욕장이라는 유명한 곳이 있어 다른 곳에 비해 다소 덜 유명하지만 숨은 명소입니다.

그 덕에 조용해서 덕분에 저희 가족이 가장 좋아하는 해수욕장입니다. 더군다나 바닷물에 젖은 몸을 씻을 수 있는 과물노천탕이 있다는 것도 이색적입니다. 제주도에서는 많은 곳에 노천탕이 있는데 곽지과물 해수욕장에는 해수욕장 바로 옆에 있어 더욱 편리합니다.

또한 곽지해수욕장은 일몰 명소로 유명한 곳입니다. 연녹색 바닷물에 황금빛 노을이 풀어지는 모습은 언제 봐도 장관입니다. 해는 뜰 때만이 아니라 질 때에도 매우 아름다움을 새삼 실감하게 되는 곳입니다.

제주의 바다는 단지 그 안에 들어가 물놀이를 하는 것만이 전부가 아닙니다. 금빛 백사장 위를 걷는 것도 좋고, 시원한 바닷바람을 쐬는 것도 좋으며, 고기잡이 조명불빛으로 가득한 밤바다를 감상하는 것도 좋습니다. 즐기고 싶은 해변은 제주에만 있는 것이 아니지만 곽지해수욕장의 해변만큼 환상적인 곳은 없으니 한번 찾아가보는 것도 좋을 것입니다.

9) 아이들과 자전거를 타고 제주를 느끼다.

　우리 가족이 자전거를 탄 것은 2014년부터였다. 셋째가 네발자전거를 타기 시작할 무렵 아이 세 명을 데리고 본격적인 자전거 타기를 시작했다. 탑동광장도 자주 갔고, 자전거 전용도로를 달리기도 했다. 특히 좋았던 곳은 제주올레 4코스 초반 구간과 20코스 초반코스이다. 제주올레 15-B코스도 자전거를 타기에 좋았다. 그리고 가장 기억에 남는 곳은 가파도에서 자전거를 탄 것이다.

　아내가 자전거를 타지 못해 많이 아쉽기는 하지만 차에 자전거 3대를 싣고 집을 나설 때는 참 행복했다. 그리고 안전한 라이딩을 할 수 있는 제주도가 참으로 고맙다. 언젠가 나와 함께 사이클을 타고 아이들과 달릴 그날을 기대해본다.

10) 첫째 아이가 제주에서 가장 좋아하는 곳은 한라도서관

　우리 부부의 육아 원칙 중 중요하게 생각하는 것 중 하나는 독서이다. 그래서 가급적 자주 도서관에 가려 한다. 다행히 아이들도 잘 따라주는 편이다. 집 근처에 있는 탐라도서관도 자주 가는 편이지만 어린이 도서관이 잘 되어있는 한라도서관을 아이들은 더 좋아한다.

　한라도서관은 아이들이 책을 편하게 읽을 수 있게 환경도 잘 되어있고, 도서관의 부대시설도 좋기 때문이다. 넓은 마당에서 공놀이 하는 것을 아들들은 좋아하고, 작은 연못에서 물고기 찾는 것도 즐긴다. 도서관 옆의 작은 숲에서 책을 읽는 것도 좋고, 바로 옆에 있는 제주아트센터에서 가끔 공연을 보는 것도 좋다. 한라도서관 옆에는 계곡을 따라 방선문까지 올라가는 오라올레길이 있어서 개인적으로 한라도서관을 특별히 좋아한다. 가끔 아이들이 책을 읽는 도중에 오라올레길을 따라 산책을 할 수 있기 때문이다.

한라도서관

주소 | 제주특별자치도 제주시 오남로 221
연락처 | 064-710-8666

소개글

한라도서관은 330,000권이 넘는 책이 비치되어 있는 도서관이며, 각종 편의시설이 마련되어 있습니다. 제주도에서 많은 도서관이 있지만, 우리 가족이 제주에서 가장 좋아했던 도서관이 한라도서관입니다.

아이들에게 책을 읽는 것이 얼마나 중요한 일인지에 대해 설명하자면 며칠 밤을 꼬박 새도 모자랄 것입니다. 독서에 대한 위인들의 명언을 단지 읊기만 해도 하루가 부족할 것입니다. 하지만 이보다 더 효과적인 방법은 부모님이 함께 가서 책을 읽는 것입니다. '아이는 부모의 등짝을 보고 자란다.'고 합니다. '인생은 결국 얼마나 많은 책을 읽었는지로 결정된다.'고 해도 과언이 아니라는 것을 아는 부모님이라면 지금 도서관으로 가셔야 합니다. 온전히 내 것으로 만들지 못한 채 수박 겉핥기 식으로 읽었다 하더라도 어쨌든 책을 읽은 이가 읽지 않은 이보다 더 똑똑할 수밖에 없기 때문입니다.

제주에 놀러가서까지 도서관을 가야 되느냐고 의문이 드시겠지만 한라도서관의 어린이도서관과 숲속도서관에 가보신다면 후회는 없을 것입니다. 어떻게 하면 아이들이 책과 가까워질 수 있을 것이냐는 의문에 답을 찾으실 수 있을 것입니다.

3. 가족과 함께 즐기는 제주의 구석구석 18

　7년 동안 우리 가족은 제주의 여행지 중 168곳을 다녔다. 그중 가장 좋았던 10곳(절물자연휴양림, 눈썰매, 제주도립미술관, 에코랜드, 별빛누리공원, 성산일출봉, 거문오름, 탑동광장, 월정리 해변, 애월한담 산책로)과 우리 가족의 버킷리스트 10곳(비자림, 어승생악, 한라산 영실코스, 10-1가파도 올레길, 다랑쉬오름, 모구리 야영장, 제주올레 걷기축제, 곽지과물 해수욕장, 자전거 타기, 한라도서관)이 아니더라도 제주에는 아직 좋은 곳이 잔뜩 남아있다.

　제주에 여행 오시는 분들을 위해 가족들과 함께 가면 좋은 곳으로 우리 가족이 선정한 여행지 18곳을 더 소개하고자 한다.

1) 함덕서우봉해변

　제주에서 아이들과 놀기 좋고, 아름다운 해수욕장을 꼽으라고 하면 함덕해수욕장이 1순위인 듯하다. 우리 가족이 자주 가는 곳은 곽지과물 해수욕장이지만 인지도나 대중성을 고려하면 함덕해수욕장이 더 유명하다.

　함덕해수욕장은 모래가 곱고 바위가 적어 놀기에도 좋고 해안가에서 멀리까지 가도 깊이가 깊지 않아 안전하다. 또한 해변이 넓어 사람이 많아도 복잡하다는 느낌이 들지 않고 여유 있게 해수욕을 할 수 있다.

　주변 여건도 좋아서 많은 편의시설이 있고, 샤워실도 좋다. 산책을 할 수 있는 넓은 공간이 있고, 해변에서 얼마 떨어지지 않은 곳에는 야영장도 있으며, 사설이지만 카라반도 이용할 수 있다. 제주올레 19코스도 함

덕해수욕장을 지나가는데 길을 따라 15분 올라가면 서우봉에 도달하고 그곳에서 내려다보는 풍광도 매우 멋지다. 서우봉 정상까지 가지 않더라도 서우봉 둘레길을 걸을 수도 있다.

함덕서우봉해변

주소 | 제주특별자치도 제주시 조천읍 조함해안로 525
연락처 | 064-728-3989

소개글

제주올레길 19코스를 걷다 보면 만날 수 있는 해수욕장입니다. 에메랄드 바닷빛의 이국적인 바다가 어떤 곳인지를 알게 해주는 함덕서우봉해변입니다. 과거에는 놀이공원이 있을 정도로 사람들이 많이 찾던 곳이었지만 지금은 호텔과 콘도 등의 숙박시설이 그 영화를 대신하고 있습니다. 워낙 규모가 큰 해수욕장이라 한참을 걸어야지 해변 끝에 위치한 서우봉에 도착할 수 있는데, 저는 서우봉을 올라가는 도중에 뒤돌아봤을 때 만나게 되는 함덕서우봉해변의 풍광을 가장 좋아합니다. 그리고 서우봉 근처에 있는 카라반에서 숙박하는 것도 좋아합니다. (물론 지인들이 오시면 콘도에서 숙박을 합니다.)

함덕리는 국민관광단지로 지정되었을 정도로 즐길 거리가 잔뜩 마련되어 있으며 수심이 낮기에 아이들도 놀기 적당한 장소입니다. 해변의 야자수와 연녹색 바다는 '이국적이다.'라는 감탄사를 연발하게 합니다. 해변의 현무암 사이로 만들어진 아치형 다리를 건너가면 정자가 하나 나오는데 그곳에 앉아 바다를 바라보고 있으면 사소한 고민거리는 정말 아무것도 아님을 알게 됩니다. 그렇게 바다를 구경하거나 물놀이를 하다가 리조트로 돌아와서 쉬면 '신선놀음이 바로 이런 것이구나.'라는 생각을 하게 됩니다.

2) 제주 들불축제

　대한민국의 대표적인 축제로도 선정된 제주 들불축제는 우리 가족이 제주올레 걷기축제 다음으로 많이 간 축제이다. 새별오름에 들불을 놔서 태우면서 소원을 비는 행사인데, 워낙 스케일이 커서 보는 것만으로도 장관이다.

　들불축제에 갈 때는 많은 사람들이 몰리기에 조금 일찍 가서 주차장 자리를 좋은 곳에 확보하는 것이 낫다. 다소 추운 날씨이기에 아이들이 어리다면 좋은 자리에 주차를 하고 차안에서 들불축제를 구경하면 된다. 너무 가까이에서 보는 것보다 다소 거리가 있는 곳에서 오름 전체에 불이 타오르는 것을 조망하는 것도 좋다.

제주 들불축제

주소 | 제주특별자치도 제주시 애월읍 봉성리 산59-8

소개글

1997년에 당시의 북제주군수가 수복강녕과 풍요, 액운 타파 등을 기원하는 의미로 놓았던 불이 아직까지도 이어져 오고 있습니다. 최근에는 대한민국의 대표축제, 문체육관광부가 지정한 지역육성축제이자, 최우수축제, 문화관광축제로 그 위상이 높아지고 있습니다.

본래 제주에서는 이른 봄, 새 풀이 돋기 전에 오름에 불을 놓아 해묵은 풀과 해충을 없애는 풍습이 있었는데 그 풍습을 축제로 발전시킨 것이 바로 이 제주 들불축제입니다. 문제는 그 규모가 엄청나다는 것입니다. 아파트 15층 높이만한 오름 한쪽 면을 다 태워버리는 것입니다.

멀쩡한 오름에 불을 놓는다니, '환경파괴다.'라는 생각이 들 수도 있겠지만 의외로 그렇지도 않습니다. 들불은 병충해를 없애고, 묵은 풀이 타서 만들어진 재는 천연비료가 되어 오름을 전보다 더욱 푸르게 만들기 때문입니다. 들불은 산에서 오래된 것을 걸러내고 새로운 것을 키워내는 생명의 불꽃이자 제주도민들의 지혜가 집약된 것이었습니다.

들불축제를 하지 않는 시기에도 새별오름을 찾는 이들이 많습니다. 새별오름은 별모양을 닮았다고 해서 이름이 붙여질 정도로 멋진 오름이며, 새별오름 정상에서 바라보는 제주의 서쪽 풍광이 말을 잃을 만큼 멋지기 때문입니다. 특히나 억새가 만발한 시기에는 억새를 보러 새별오름을 찾을 정도로 멋진 곳입니다.

3) 우도

　제주의 대표적인 관광지이며 꼭 가봐야 하는 곳이다. 우도는 넓고 갈 곳이 많아 하루 종일 머물러도 좋다. 산호가 부서져서 만들어진 특색 있고 예쁜 해수욕장도 있고, 아이들과 모래놀이하기에 안성맞춤인 해수욕장도 있다. 우도봉에 올라 등대에서 바라보는 전망도 일품이고, 우도 아이스크림을 먹으며 바닷가에 위치한 동굴을 구경해도 좋다. 우리 아이들은 검은모래 해변에서 제트보트를 타는 것을 가장 좋아한다.

　우도는 자전거를 타고 한 바퀴 돌아도 2시간 정도 소요되고, 제주올레길을 걸어 우도를 완주해도 좋다. 우도에서 바라보는 성산일출봉과

제주본섬의 풍광이 너무 아름다워서 우리 가족은 우도를 여러 번 갔었다. 너무 많은 사람들이 찾는 곳이기에 교통상황은 매우 좋지 않은데, 최근에 차량을 통제하는 조치가 이루어져 조금 나아졌다.

우도

주소 | 제주특별자치도 제주시 우도면
연락처 | 064-782-5671

소개글

소(牛)가 누워있는 모양을 닮았다고 해서 우도(牛島)라는 이름이 붙었습니다. 한해 약 200만 명의 관광객이 찾는 제주의 부속 섬이고, 성산일출봉의 남쪽 바다 앞에 떠 있는 섬이며, 배로 10분이면 찾아갈 수 있는 곳입니다. '작은 제주도'라고 불릴 만큼 제주도에 가면 꼭 즐겨야 할 것들이 농축되어 들어있는 곳이라고 할 수 있습니다. 제주도에서 가장 인기 있는 관광지라고 할 수 있습니다. 우도에서는 하고 싶고, 해야 할 일들이 많습니다. 우도 땅콩 아이스크림도 맛봐야 하고, 우도봉에서 말도 타야 하고, 서빈백사에서 해수욕도 해야 합니다.

섬의 길이는 3.8km이고, 둘레는 17km라서 섬 하나를 둘러보는 데 몇 시간밖에 걸리지 않습니다. 하지만 우도를 제대로 보려면 몇 시간으로는 부족합니다. 여건이 된다면 1박을 우도에서 하시는 것도 좋은 방법입니다. 장담컨대 우도를 한 번 맛본 이들은 다음엔 어떻게든 시간을 내어서라도 우도를 또 찾아가게 될 것입니다.

과거에는 차량을 배에 싣고 우도에 들어가서 관광을 했지만 교통대란으로 인해 몇 년 전부터는 차량을 제한하고 있습니다. 하지만 우도에는 일주버스도 잘 되어있고, 다양한 교통수단을 이용해서 우도를 즐길 수 있게 구비되어 있습니다.

4) 송악산

　송악산은 내가 가장 좋아하는 제주올레 10코스에 있어 혼자서도 자주 갔지만 가족들과 지인들과도 자주 갔었다. 마라도와 가파도가 한눈에 보이는 풍광도 멋지지만 형제섬을 눈앞에서 바라보며 걷는 길도 아름답다. 제주에서 가장 아름다운 해안도로인 사계 해안도로를 뒤로 해서 산방산이 높이 솟아있고, 멀리 서귀포시부터 한라산까지 한눈에 들어온다.

　송악산은 해안가를 따라 산책로로 즐기는 것도 좋지만 송악산 정상에 올라 분화구를 구경하는 것도 신기한 경험이 된다. 화산폭발 당시의 모습을 간직하고 있는 듯한 분화구의 모습은 언제 봐도 신기하다.

송악산

주소 | 제주 서귀포시 대정읍 송악관광로 421-1

소개글

　송악산은 제주에서 꽤나 유명한 관광지입니다. 송악산 주차장에는 항상 대형버스가 몇 대씩 주차되어 있을 정도로 대표적인 곳입니다. 입장료가 없어서일 수도 있고, 드라마에 자주 나왔던 곳이기도 하고, 유명한 예능채널에 나왔기 때문일 수도 있지만 송악산에서 바라보는 제주풍광이 멋지기 때문이라고 전 생각합니다. '송악산'이라고 해서 오해를 하면 안되는 것이 산에 올라가는 관광지가 아닙니다. 대부분은 30분 정도 송악산 둘레길을 가볍게 걷다가 다시 주차장으로 돌아오는 코스를 이용합니다. 송악산에서는 마라도까지 조망이 될 정도로 넓은 바다를 만끽할 수 있고, 형제섬을 가장 멋지게 조망할 수도 있으며, 한라산 백록담과 산방산도 멋지고, 사계포구에서 이어지는 길도 아름다운 경치입니다.

　송악산은 꼭대기가 이중화산(한 번 폭발한 분화구 안에서 또 한 번 폭발이 일어나서 분화구가 2개가 된 경우)인 화산지형이며, 가장 최근에 분화한 오름으로 알려져 있습니다. 그래서 송악산 정상에서 붉은 화산송이를 참으로 많이 볼 수 있었습니다. 길이 험하지 않아서 누구나 쉽게 오를 수 있지만 현재 자연휴식년제로 인하여 정상 탐방로 일부를 제외하고는 출입이 금지되어 있습니다.

5) 만장굴

 세계자연유산인 만장굴은 제주의 대표적인 관광지이기도 하지만 아이들에게 매우 교육적인 곳이다. 해설사분과 함께 지질공부를 할 수 있는 천혜의 장소이기 때문이다. 만장굴 매표소에 이야기를 하면 해설사분과 걸을 수 있게 안내해주시는데, 해설사분의 안내는 심지어 무료이다. 뉴질랜드에서 조카들이 왔을 때 해설사분과 함께 걸었는데 큰 도움이 되었다.

 특히나 더운 여름에 만장굴에 가면 아주 시원하다. 동굴 안은 여름에는 시원하고, 겨울에는 따뜻하다. 더운 여름에 자연이 만든 에어컨을 원 없이 이용할 수 있어 날씨가 더울 때 종종 찾곤 한다.

만장굴

주소 | 제주특별자치도 제주시 구좌읍 만장굴길 182
연락처 | 064-710-7903

소개글

　만장굴은 길이는 약 7.4km로, 유네스코 세계유산 및 천연기념물로 지정되었습니다. 1958년에 김녕초등학교 교사였던 부종휴 씨가 발견하여 세상에 알려지게 되었는데, 내부의 형태와 지형이 잘 보존되어 있는 용암동굴이어서 일반인은 1km만 탐방이 가능합니다. 하지만 1km도 아이들에게는 상당한 거리(왕복해야 되니 2km)이므로 각오하고 탐방하셔야합니다. 길이 다소 미끄러우니 준비를 하셔야 하며, 여름에도 다소 싸늘할 수 있으니 옷도 준비하시는 것이 좋습니다. 당연히 화장실은 미리 다녀오셔야 하며, 물도 한 병 정도는 준비하시는 것이 필요합니다.

　제주도에서는 걸어서 자연을 만끽할 수 있는 곳이 참으로 많은데 그중에서 동굴탐험의 독특함은 그 어디에도 뒤지지 않습니다. 육지의 많은 석회동굴과는 또 다른 느낌을 주는 용암동굴이며, 워낙 크고 넓어서 가족 모두 손잡고 걷기에 충분하기에 특히나 즐겁습니다. 여름에는 시원하고 겨울에는 따뜻한 동굴이기에 사계절 언제 찾아도 좋은 곳입니다. 특히나 만장굴 매표소에 신청하면 해설사와 함께 만장굴 투어도 가능하기에 아이들 교육적인 측면에서도 꽤나 유익한 장소입니다. 그냥 걷는 것만이 아니라 살아있는 교육이 되는 '현장교육의 메카'가 만장굴입니다.

6) 오설록

오설록에 가면 엄청나게 많은 사람이 있다. 오설록 주차장이 해마다 확장되는 걸 보면 인기를 실감하게 된다. 녹차 아이스크림을 좋아하는 아내 덕분에 여행오신 지인들과 종종 찾는 곳인데, 몇 년 전에는 아이스크림을 먹을 수 있는 건물이 하나 더 생겼다. 제주올레 14-1코스 구간의 종점이라 제주올레 덕분에 개인적으로도 자주 찾았던 곳이다.

오설록의 전망대에서 넓은 녹차 밭을 구경하는 것도 괜찮지만, 직접 녹차 밭을 거니는 것도 좋다. 대부분의 사람들이 녹차 아이스크림만 드시고 금방 가시는데, 좀 더 시간을 할애해서 머물다 가는 것을 추천드린다.

7) 한라수목원

한라수목원은 우리 집과 근무하는 병원 근처에 있어 내가 자주 갔던 곳이다. 2013년에는 100번 넘게 갔을 정도이다. 저녁시간에 아이들과도 자주 갔었는데 산책하기도 좋고, 다양한 식물들과 예쁜 꽃들을 만날 수 있어 좋고, 잔디광장에서 뛰어놀기도 좋다. 작은 연못에는 개구리들도 있고, 한라수목원 안에 있는 광이오름 정상에서 제주시내와 비행기가 뜨고 내리는 장면을 보는 것도 좋다. 최근에 생긴 한라수목원 주차장 옆의 커피숍은 지인들이 오시면 종종 찾는 곳이다.

오설록 티 뮤지엄

주소 | 제주 서귀포시 안덕면 신화역사로 15 오설록
연락처 | 064-794-5312

소개글

　2001년 9월에 개관한 국내 최초의 차 박물관이며, 광활한 녹차밭을 배경으로 멋진 사진을 찍을 수 있는 관광지입니다. 저희 가족에게는 녹차아이스크림을 먹으러 가는 맛집입니다. 오설록 티 뮤지엄에는 곶자왈 풍경을 바라볼 수 있는 복합 차 문화 체험공간인 티스톤, 차의 역사와 귀한 다구들이 전시된 차 문화실, 아름다운 찻잔들이 전시된 세계의 찻잔, 찻잎의 로스팅부터 패키징까지 모든 과정을 볼 수 있는 티 로스터리, 녹차와 녹차를 이용하여 만든 빵, 아이스크림 등을 즐길 수 있는 티스토어 등이 있습니다.

　보통 녹차라고 하면 제일 먼저 떠올리는 것이 떫은 맛 때문에 싫어하시는 분도 계실 텐데, 정말 제대로 된 녹차는 맛있습니다. 그 맛을 어찌 말로 표현할 수 있겠냐 싶을 만큼 맛있습니다. 그리고 그렇게 맛있는 차를 아이스크림과 섞어 만든 녹차아이스크림은 그야말로 천상의 맛입니다. 그런 점에서 오설록은 녹차 맛 전도사라는 칭호를 붙이기에 부족함이 없습니다.

　특히나 오설록 티 뮤지엄은 우리가족 전부가 녹차를 워낙 좋아해서 종종 갔던 곳이기도 합니다. 물론 육지에서 오신 지인들도 꼭 가보아야 할 성지 같은 곳이라고 생각하는 장소입니다.

한라수목원

주소 | 제주특별자치도 제주시 수목원길 72(연동)
연락처 | 064-710-7575

소개글

한라수목원은 1993년에 개원했으며, 식물의 보물창고입니다. 관목, 교목, 난, 대나무, 꽃 등을 얼마든지 구경할 수 있고 수생식물이나 이끼 등도 다양하게 볼 수 있습니다. 심지어 제주도에서 자라는 대표적인 희귀식물도 전시되어 있으며, 삼림욕장이나 자연생태 체험학습관도 마련되어 있기에 단순히 감상만 하고 끝나는 것이 아니라 자연 속을 거닐고 자연에 맞닿을 수도 있습니다.

제주도에는 자연을 느끼기 위해 찾아갈 수 있는 곳이 셀 수 없을 만큼 많은데, 한라수목원은 단순히 걷기만 하는 것이 아니라 그 안에서 편히 쉴 수 있어 좋은 곳입니다. 잔디광장에서 뛰어 놀 수도 있고, 다양한 산책로를 여유롭게 뛰어다닐 수 있습니다. 특히나 한라수목원은 제주공항과 무척이나 가깝기(차로 10~15분 거리) 때문에 비행기를 타기 전에 비행시간 전까지 머물기 좋은 곳입니다. 그래서인지 주차장에는 항상 관광버스가 많습니다.

저희 가족은 연동과 노형동에서 살았기 때문에 저녁 마실로 자주 갔었던 추억의 장소입니다. 저는 1년 동안 한라수목원에 100번 이상을 갔었던 적도 있습니다. 그리고 한라수목원 입구에 있는 카페에서 마신 커피도 잊을 수가 없습니다.

8) 마라도

 사람들이 제주에 조금 여유 있는 일정으로 오실 때 한 번쯤 가시는 마라도를 개인적으로는 좋아하지 않는 편이다. 섬 속의 섬을 느끼고 싶다면 차라리 가파도를 추천하고 싶지만, 워낙 유명해서 마라도행을 말릴 수는 없다. 사실 짜장면도 그리 독특하지는 않은듯하다.

 하지만 마라도가 우리 가족에게 의미가 있는 건 장인 장모님까지 해서 온 가족이 여행을 간 추억이 깃든 곳이기 때문이다. 우리나라 최남단이라는 의미도 있는 곳이라 마라도에 한 번도 안 가보신 분이라면 한번 가보시는 것도 좋다고 생각한다.

9) 투명카약

 최근에는 제주의 여러 곳에 투명카약을 탈 수 있는 곳이 생겨서 손쉽게 이용할 수 있다. 아이들은 투명카약을 타고 나서 소감으로 '옥빛 바다 위를 공중부양해있는 느낌'이라고 했다. 그리고 상당히 재미있다고 했다. 몇 번 탔는데도 여전히 계속 타고 싶다고 할 정도이다. 아직은 이용요금이 다소 비싸지만 한번쯤 즐기는 것도 색다른 경험이다.

10) 다희연

 아직은 유명해지지 않은 곳이지만 동굴카페에서 녹차 아이스크림을 먹는 경험은 색다르다. 오설록처럼 녹차 밭과 녹차 아이스크림을 즐길 수 있는 곳이지만 더 아늑한 느낌이다. 녹차 밭을 골프장에서 주로 이용하는

마라도

주소 | 제주 서귀포시 대정읍 가파리 600

소개글

마라도는 우리나라 최남단에 위치한 섬으로 우리나라 영해 범위를 결정하는 데 중요한 역할을 하는 섬입니다. 1915년 3월에 설치되고 1986년에 재건축된 등대와 마라도가 국토 최남단임을 알리는 비석이 유명합니다.

이곳에 대해 평가는 양분됩니다. 최남단이라는 의미가 있다는 의견도 있고, 대단한 감동을 주는 곳은 아니라는 평가가 있습니다. 마라도 짜장면이 워낙 이슈가 된 적 있어서 마라도에 가면 짜장면을 먹어야 된다는 이야기도 있습니다. 저는 마라도에 가족들과 딱 한번 간 적이 있습니다. 우리나라 최남단이라는 상징적인 의미가 큰 이유였습니다. 그렇게 마라도에 한번 다녀온 후에는 아이들이 배타고 섬에 가고 싶다고 할 때는 가파도를 주로 갑니다. 물론 제가 20대 초반에 혼자 제주도에 왔을 때는 마라도에서 1박을 한 적도 있습니다. 우리나라 최남단에서 하루를 자고 싶었기 때문입니다.

카트를 타고 돌아보는 것도 아이들이 좋아한다. 직접 카트를 운전하는 것이 매우 재미있다고 했다. 그 이외에도 다희연에는 짚라인도 할 수 있다.

11) 차귀도 배낚시

제주에서 배를 타고 낚시를 할 수 있는 체험이 있다고 육지에서 내려오는 지인이 알아보고 오셔서 우리 가족도 처음으로 갔었다. 한 시간 정도 배를 타고 바다 이곳저곳에서 낚시를 하는 프로그램인데, 배에서 낚시를 처음 해보는 아이들은 마냥 신나했다. 특히나 둘째가 무척 좋아했

다. 큰 물고기가 잡히는 것은 아니었지만 작은 물고기라도 올라오면 아이들은 다 같이 환호성을 질렀다. 덕분에 우리는 고기까지 잡을 수 있는 대단한 아빠가 될 수 있었다.

다희연

주소 | 제주특별자치도 제주시 조천읍 선교로 266-4
연락처 | 064-783-0882

소개글

　오설록과 함께 녹차로 유명한 곳입니다. 특이하게 동굴에 있는 다희연 카페의 녹차와 녹차 아이스크림은 특별합니다. 하지만 다희연은 거기에서 그치지 않고 숲속을 사륜구동 바이크로 달릴 수 있는 시설까지 마련해놓았고, 짚라인도 탈 수 있게 해 두었습니다. 어른들이 골프장에서나 탈 수 있는 카트를 아이들이 실제로 타는 체험은 특별합니다. 그래서 저희는 아이가 있는 지인이 오시면 오설록보다는 다희연에서 녹차아이스크림을 먹는 편입니다. 오설록이 너무나 많은 인기로 사람들로 북적여서 녹차아이스크림을 먹을 테이블을 확보하는 것도 어렵다고 한다면, 다희연에서는 여유롭게 아이들과 시간을 보낼 수 있기 때문입니다.

　오설록이 녹차의 이미지를 고급스럽게 표현한다면 다희연은 녹차의 이미지를 친숙한 것으로 만들려 하는 것 같습니다. 푸르른 녹차밭을 바람을 가르는 카트를 타고 달릴 때 아이들은 무척이나 좋아합니다. 녹차를 아이템으로 만든 두 장소가 어느 곳이 더 나은지를 따질 수 있는 기준은 없습니다. 녹차에 어떤 이미지를 부여했는지의 차이일 뿐입니다. 그리고 오설록이든 다희연이든 녹차가 맛있음을 알리고 있기에 둘 다 좋은 녹차 맛 전도사라고 생각합니다.

12) 협재해수욕장

협재해수욕장도 제주에서 유명한 해수욕장이다. 비양도가 가까이 있어 바다빛깔이 더 다채롭고 풍광도 아름답다. 드론으로 찍은 협재해수욕장 사진을 보면 절로 감탄이 나올 정도이다. 협재해수욕장 바로 옆에는 금능해수욕장도 연결되어 있는데 그 사이 공간에 캠핑도 할 수 있다. 두 개의 해수욕장의 느낌이 너무 달라서 한 번에 두 개의 해수욕장을 경험할 수 있는 장점도 있다.

협재해수욕장

주소 | 제주특별자치도 제주시 한림읍 협재리 2497-1
연락처 | 064-728-3981

소개글

　제주도에서 꼭 가야 할 명소라고 생각합니다. 동쪽에 월정리해변이 있다면 서쪽은 단연코 협재해수욕장입니다. 제주도에서 가장 예쁜 사진이 나오는 곳이라고 개인적으로 생각합니다. 비양도가 배경으로 있기에 더욱 특별하며, 에메랄드 바다색깔이 환상적입니다.

　협재해수욕장은 제주올레길 14코스의 일부이며 금능해수욕장과 이웃하고 있습니다. 경사가 완만하여 수심이 얕기에 어린이도 안전하게 즐길 수 있습니다. 게다가 주변에 소나무 숲과 잔디가 있어서 텐트 치고 캠핑도 가능합니다. 협재라는 이름을 들으면 어쩐지 협소할 것 같은 느낌이 들지만 결코 그렇지 않습니다. 이름과는 반대로 탁 트인 바다가 속을 후련하게 만들어줍니다.

　제주에서 바다는 분명 놀기에 좋은 장소입니다. 가만히 바다 풍경을 바라보고 있는 것도 굉장히 좋습니다. 여름에 특히 좋지만 겨울바다도 운치가 있습니다. 특히나 협재해수욕장처럼 앞에 섬(비양도)이 멋지게 있다면 풍광은 더 감동이 됩니다. 시원하게 불어보는 바다 바람을 맞으며, 연인과 꼭 부둥켜안고 있노라면 천국이 여기라는 생각을 하게 됩니다. 아이들과 함께 한 협재해수욕장이라면 모래사장에서 모래놀이를 해보세요. 정말 시간 가는 줄 모르실 겁니다.

13) 세계자연유산센터

　세계자연유산인 거문오름 트레킹은 사전에 예약을 하고 가야 하지만 세계자연유산센터는 언제든지 이용 가능하다. 여러 박물관 중 가장 최근에 지어진 곳이라 시설도 좋고 전시물도 훌륭하다. 제주의 자연과 식생에 대해 한 번에 제대로 배울 수 있는 교육의 장소인 것이다. 4D 동영상도 훌륭하고, 정기적으로 주제가 바뀌는 갤러리의 작품들도 좋다.

14) 아쿠아플라넷

　몇 년 전 아쿠아플라넷에 갔더니 사람들이 너무 많아서 깜짝 놀랐다. 개관한 지 얼마 지나지 않았을 때는 그렇게까지 붐비는 곳이 아니었다. 그만큼 최근에 핫플레이스로 뜨고 있는 곳이다. 아이들은 다양하고 신기한 바다생물들을 보는 것도 재미있어했다. 섭지코지에 자리 잡고 있어서 성산일출봉 등을 포함한 여행루트를 짜는 데도 편하다.

제주세계자연유산센터

주소 | 제주특별자치도 제주시 조천읍 선교로 569-36
연락처 | 064-710-8980

소개글

거문오름 입구에 위치한 세계자연유산센터는 2012년에 개관한 곳으로 제주 세계자연유산의 효율적 관리 및 보전을 위하여 만들어졌습니다. 총 면적은 3,385m^{2}이며 센터의 핵심이라 할 수 있는 상설전시실은 1,037m^{2}입니다. 상설전시실에는 제주가 압축되어 들어갔다고 해도 과언이 아닐 만큼 많은 것이 전시되어 있는데, 제주에 대한 영상을 4D로 즐길 수 있는 4D 영상관과 용을 타고 거문오름 용암동굴계를 간접 체험할 수 있는 VR 체험 존도 빼놓을 수 없는 별미입니다. 저희 가족은 4D체험관에서 10번 이상 영상을 볼 정도로 내용도 재밌고 체험도 즐거웠습니다.

세계자연유산센터는 최근에 설립되어 최신의 장비와 최고의 시설을 갖추었다고 하지만 제주의 모든 것을 담아두었다고 얘기할 수는 없습니다. 제주의 참모습은 실내가 아닌 현장에서 느낄 수 있는 것이기 때문입니다. 그렇다고 해서 세계자연유산센터에 오는 것이 헛수고라는 것은 아닙니다. 세계자연유산센터는 제주에 무엇이 있는지를 알려주고 어디에 가야 하는지를 가르쳐주는 이정표입니다. 그것만으로도 차고 넘칠 만큼의 가치가 있습니다.

제주 아쿠아플라넷

주소 | 제주 서귀포시 성산읍 섭지코지로 95
연락처 | 1833-7001

소개글

제주도에서는 가장 규모 있는 대규모 아쿠아리움입니다. 단순히 물고기만 전시해놓은 수족관이 아니라 펭귄이나 수달, 물범에 대한 설명을 들을 수도 있고, 특별공연도 관람할 수 있으며 심지어 해녀가 물질하는 모습도 볼 수 있어 인상적입니다.

제주에 오랫동안 살면서 제주 아쿠아플라넷이 새로 생긴다고 했을 때 부모로서 무척이나 기뻤습니다. 물속 세상을 궁금해 하는 아이들에게 간접 경험이지만 바다속 깊은 곳의 모습을 보여줄 수 있다는 생각 때문이었습니다. 입장료가 다소 비싼 단점이 있지만 바닷가 바로 옆에 있는 아쿠아리움이기에 특별했습니다. 수족관 투어를 마치고 밖으로 나와서 바로 옆에 있는 바닷가를 바라보며 아이들은 '무한한 물속 상상의 나라'에 빠져드는 모습이었습니다.

15) 제주우주항공박물관

제주우주항공박물관은 전시물이 훌륭하다. 전시물의 스케일이 커서 시선을 압도할 뿐만 아니라 직접 체험하기도 하고, 4D영상관도 두세 곳이어서 즐길 거리가 많다. 우리 가족은 여기서도 하루 종일 노는 편인데, 아이들에게 우주와 항공에 관해 작정하고 교육하려면 하루도 부족할 정도이다. 특히 비가 올 때 가면 좋은 곳이다.

16) 마라도 잠수함

제주도에서 잠수함을 탈 수 있는 곳은 우도, 문섬, 차귀도 등 몇 군데 있다. 그중에서 우리 가족은 사계리에 있는 마라도 잠수함을 두 번 탔다. 이름이 마라도 잠수함이지만 마라도까지 가지는 않고 송악산 근처의 해저를 탐험하게 된다. 잠수함을 처음 타는 아이들에게는 마냥 신기하기만 한 경험이다.

17) 감귤체험

　겨울에 제주에 오시면 감귤체험을 하는 것도 색다른 경험이다. 어른들 입장에서는 오히려 노동 같이 느껴지는 감귤따기체험은 아이들에게는 대단히 뿌듯한 일이다. 현장에서 직접 따서 먹는 감귤이 최고로 맛있는 감귤이라는 것도 알게 된다. 우리는 제주에 사시는 지인의 농장에 가서 매년 했다.

제주항공우주박물관

주소 | 제주 서귀포시 안덕면 녹차분재로 218
연락처 | 064-800-2000

소개글

　2014년에 개장한 박물관으로 항공과 우주에 대해 다루고 있습니다. 제 생각에는 우리나라에서 가장 멋진 항공우주박물관입니다. 또한 방대한 전시시설과 다양한 체험에 시간가는 줄 모르는 아이들의 놀이터입니다. 마냥 놀기만 하는 곳이 아니라 과학의 원리를 재밌게 알아가고, 항공과 우주에 관한 어려운 이론을 실제로 경험하며 익힌다는 점에서 교육적으로도 좋은 곳이라고 생각합니다.

　제주항공우주박물관은 단순히 작품을 전시해놓는 것만이 아니라 5D 영상을 관람할 수 있는 폴라리스, 돔 형태의 영상관에서 우주에 대한 영상을 볼 수 있는 캐노프스, 아이들을 위한 콘텐츠를 준비해놓은 프로시온, 아리어스 등 특별한 시설도 한가득 마련되어 있습니다. 다소 대기 줄이 길다는 단점이 있지만 기다린 만큼 만족감을 주는 곳들입니다.

　제주항공우주박물관은 제주도에는 바다만이 아니라 하늘도 존재한다는 사실을 알려주는 곳이라 부르기에 부족함이 없는 곳입니다. 비행기나 우주에 관심이 별로 없는 우리 아이들도 하루 종일 놀 수 있었던 곳으로 제주에 살면서 참으로 자주 갔었던 곳입니다.

18) 두모악(김영갑갤러리)

　루게릭병으로 젊은 나이에 세상을 떠날 때까지 제주의 오름을 사랑한 사진작가의 갤러리로 제주올레 3코스 중간지점에 있다. 다른 여행지들과 다소 떨어져 있어 유명하지는 않지만 조용히 오름의 사진들을 감상하고 있자면 마음이 저절로 편안해진다.

김영갑갤러리 두모악

주소 | 제주특별자치도 서귀포시 성산읍 삼달로137
연락처 | 064-784-9907

소개글

　루게릭병으로 요절한 사진작가 고 김영갑 선생이 손수 만든 전시관입니다. 김영갑 선생이 20여 년간 찍은 제주도가, 김영갑이라는 사람의 20년과 같이 고스란히 전시되어 있습니다. 충남 부여에서 태어났음에도 불구하고 제주를 너무 사랑한 나머지, 태어난 땅이 아니라 살아온 땅에서 눈을 감은 사람의 인생을 보고 싶다면 꼭 찾아가야 할 곳입니다. 저는 두모악에서 왜 이 사람이 제주도를 그토록 좋아했는지 알 수 있었습니다. 김영갑 선생의 일생을 들으면 제주가 그렇게까지 대단한 곳인가 싶을 것입니다. 이 갤러리는 단지 제주가 얼마나 아름다운지를 알려주는 미술관과는 그 점이 다릅니다. 병에 걸려 몸이 불편해졌어도 결코 태어난 곳으로 돌아가지 않고 계속해서 제주에 머무른 그 마음을 우리가 어찌 다 헤아릴 수 있을까요? 우리가 할 수 있는 건 그저 이런 사람이 있었다는 사실을 아는 것과 제주는 사람의 인생을 바꿔놓을 정도의 매력이 존재한다는 사실을 아는 것뿐입니다.

　특히나 저는 김영갑 선생의 사진에서 '혁신과 창조'를 보았습니다.

　바람의 움직임을 사진으로 담아내고자 했던 그의 시도는 획기적이었습니다. 아무도 생각하지 못한 것을 찾아내고 시도하는 그의 모습에서 진정한 장인정신 또한 배울 수 있습니다.

4. 가족과 함께하는 제주여행지 26

가족들과 제주를 즐길 때 가면 좋은 곳들

　제주는 가족여행하기 참으로 좋은 곳이다. 다양한 볼거리와 먹을거리도 제주의 자랑이지만 제주의 자연은 정말 세계 최고 수준이다. 유럽 6개국, 캐나다, 인도, 일본, 홍콩, 뉴질랜드, 호주, 태국 등을 다녀봤지만

전 세계에서 제주만한 곳은 없었다. 가족여행을 위해 굳이 힘들게 외국으로 갈 필요가 없는 것이다. 제주에서 가족들과 함께 여행하기 좋은 곳들도 참으로 많다.

1) 한라산 백록담

제주도는 한라산이고, 한라산은 제주도이다. 내가 제주도에서 꼭 한 가지 하고 싶은 것을 꼽는다면 1순위는 한라산 정상까지 오르는 일이다. 혼자여도 좋고, 가족과 함께여도 좋고, 지인과 같이 가도 좋다. 사계절 언제나 좋다. 7년간 8번 백록담에 올랐는데 매번 감동적이었다.

한라산 백록담

주소 | 제주특별자치도 서귀포시 토평동 산 15-1
연락처 | 064-756-9950

소개글

한라산은 우리나라 최고의 산입니다. 남한에서 가장 높은 산이기도 하지만 제가 가본 산들 중에 가장 멋진 산입니다. 해발고도 1,950m라서 높게 느껴지지만 사실 어렵지 않게 정상에 도달할 수 있습니다. 한라산 정상까지 가기 위해서는 대단한 체력이 요구되는 것은 아닙니다. 천천히 한발 한발 내딛기만 하면 시간이 걸려서 그렇지 누구나 가능합니다. 저희 아들은 5살 때도 한라산 백록담에 올랐을 정도니까요.

백록담은 한라산 정상에 있는 거대한 타원형 분화구입니다. 워낙 높은 곳에 위치하여 쌓인 눈이 오래도록 남아 이듬해 5월에도 녹지 않기에 이를 일컬어 녹담만설(鹿潭晚雪)이라고 합니다. 백록담에 대한 설화는 하도 많아 설화(說話)가 아니라 설화(雪話)라 불러야 할 지경이며 백록담의 아름다움을 찬양하는 글은 그 수를 헤아릴 수 없기에 백록담(白鹿潭)이 아니라 백록담(百錄談)이라 불러야 할 지경이라고 합니다.

하지만 그 절경이라고 할 모습을 실제로 볼 수 있을지 어떨지는 운에 달려있습니다. 한라산 정상까지 올라가도 자연보존을 위해 그 근처에는 갈 수 없고, 안개가 끼거나 날이 흐리면 그 모습을 똑똑하게 보기가 어렵기 때문입니다. 신령한 존재가 만들었다는 전설이 몇 개씩이나 있을 만큼 아름다운 백록담은 그 모습을 보는 것조차 하늘의 허락 여부에 달려 있습니다.

2) 제주올레 10코스(송악산)

많은 분들께서 가장 아름다운 제주올레 코스로 손꼽는 10코스는 화순 해수욕장에서 모슬포까지이다. 그중에서 송악산은 중간지점에 있는데 무척 아름다운 곳이다. 형제섬과 가파도와 마라도의 조망도 뛰어나지만 송악산 정상에서 바라보는 풍광도 일품이다.

제주올레 10코스

주소 | 제주특별자치도 서귀포시 안덕면 사계리 2125

소개글

　화순금모래해수욕장에서 시작해 사계포구를 지나고 송악산을 지나서 섯알오름도 지나치고 하모해수욕장을 넘어가서 하모체육공원까지 가는 제주올레길 코스입니다. 용머리를 닮았다고 해서 이름 붙여진 용머리해안과 한라산과 얽힌 전설이 전해져오는 산방산 등을 보면서 바닷가 근처를 걷는 코스이기에 바닷바람을 원 없이 쐴 수 있습니다. 제주도의 바람과 제주의 자연을 만끽할 수 있는 최고의 제주올레길입니다. 제주올레길은 26개의 코스가 있는데 단연코 제가 가장 좋아하는 코스입니다. 제주올레 10코스는 걷는 것뿐만 아니라 자전거로도 달려도 참으로 좋은 코스입니다.

　사람은 단순히 보고 들은 것만을 기억하는 것이 아니라 그때 맡은 냄새 또한 함께 포함하여 기억한다고 합니다. 그렇기에 숲에 다녀오면 나무 냄새를 기억하며, 사람을 만나면 그 사람의 냄새를 기억하는 것입니다. 제가 생각하기에 아마도 제주에서는 제주의 바람 냄새를 기억할 것 같습니다.

　그래서인지 제주로 계속 향하게 만드는 것은 콧속으로 파고드는 바람 냄새와 거기에 얽힌 수많은 추억들이지 않을까 합니다.

　제주는 한 번도 안 가본 사람은 있어도 한 번밖에 안 간 사람은 없다고 하지요.

　아마도 이런 이유에서가 아닐까요?

3) 따라비오름

　제주의 368개의 오름 중 가장 멋지다고 생각하는 따라비오름은 독특한 풍광이다. 분화구 3개가 모여 있는 흔치 않은 오름으로 정상에서의 풍광도 멋지다. 교통편이 다소 불편하기는 하지만 최고의 오름이라고 자신 있게 말할 수 있다.

4) 사려니숲 에코힐링체험

　다른 숲들에 비해 길이 넓고 사람들이 많아 내가 자주 찾는 곳은 아니지만 '사려니숲 에코힐링체험' 행사를 할 때 가족들과 매번 찾았다. 평소에는 갈 수 없는 물찻오름 등을 오를 수 있기 때문이다. 길이 넓어 가족들과 다 같이 손잡고 산책하기에는 더없이 좋은 곳이다.

따라비오름

주소 | 제주특별자치도 서귀포시 표선면 가시리 산 62

소개글

　따라비오름은 특별합니다. 다른 오름과는 다르게 분화구가 3개가 있어 더욱 특별합니다. 그 분화구들 사이로 길을 걷다보면 많은 생각들을 하게 됩니다. 우리가 사는 인생이 이런 길이 아닐까 싶을 정도로 다채로운 길입니다. 올랐다가 내려가고, '이 길로도 가도 되고 저 길로도 가도 되는 길'이 이어집니다. 그리고 다른 곳과는 다르게 적막합니다. 외딴곳에 떨어져 있어 찾는 이가 많지 않기에 조용합니다. '인생은 결국 혼자다.'라는 생각도 하게 하는 곳입니다. 그래서인지 저는 368개의 제주오름 중에서 따라비오름을 손꼽을 정도로 좋아합니다.

　따라비오름에서는 언제나 흙을 밟는 느낌, 바람을 맞는 느낌, 공기의 냄새, 억새가 흔들리며 내는 소리 등을 만끽할 수 있습니다. 특히나 제주 토종 억새가 만발한 10월부터 11월 사이에 따라비오름을 찾아가면 더욱 좋습니다. 덧붙여 따라비오름에서 맞은편 큰사슴이오름까지 이어지는 트레킹 코스도 좋습니다. 시간이 허락한다면 여유롭게 고요한 트레킹의 코스를 걷는 것도 추천드립니다. 개인적으로 이 코스에서 진행된 울트라마라톤 참여도 잊을 수가 없습니다.

사려니숲

주소 | 제주특별자치도 제주시 봉개동 산64-5
연락처 | 064-900-8800

소개글

　사려니숲길은 유명한 숲길입니다. 하지만 기대가 커서인지 제게는 실망이 컸던 숲길이기도 했습니다. 과거에 자동차가 다니던 길을 통제하면서 숲길로 활용하고 있기에 숲이 주는 포근한 느낌은 부족한 길이기 때문이었습니다. 그리고 사려니오름으로 이어지는 숲길은 출입이 금지되고 있었기에 더욱 아쉬움이 컸습니다.

　하지만 사려니숲길은 조금만 걸어봐도 '신성한 숲(사려니)'라는 이름이 붙은 이유를 알 수 있을 만큼 아름다운 숲길입니다. 그리고 2021 한국유니버설디자인(모든 시민이 안전하게 이용할 수 있는 디자인 설계) 시상식에서 건축과 환경디자인 부문 대상으로 선정될 만큼 누구나 편히 걸을 수 있는 숲길입니다. 왜냐하면 이 길은 무척이나 넓기 때문입니다. 그래서 혼자 조용히 걷기보단 다른 사람과 함께 걷기에 좋습니다. 손을 맞잡고 걸어도 좋고 여러 명이 함께 걸어도 좋습니다. 누군가와 함께 걷기 좋은 길이 있고 그 길을 함께 걸을 수 있는 사람이 있다면 그것만으로도 충분히 기쁘고 행복한 것이라는 것을 느끼게 해주는 숲길입니다. 특히나 저는 '사려니숲 에코힐링' 행사기간에는 반드시 사려니숲길을 찾습니다. 평소에는 통제되는 사려니오름을 한시적으로 개방하기 때문입니다. 그리고 10km가 넘는 사려니숲길 양쪽 입구에서 셔틀버스를 이용하여 다시 출발점으로 손쉽게 돌아올 수 있기 때문입니다.

5) 엉또폭포

평소에는 폭포가 없다가 비가 70mm 이상 온 다음날에 폭포가 생기는 신기한 엉또폭포이다. 제주올레 7-1코스라서 종종 갔는데, 절벽이었던 곳이 비가 온 다음날 그 어떤 폭포보다 물이 많아지는 것을 보면 신기할 따름이다.

6) 생이기정길

제주에서 일몰이 아름다운 곳이 몇 곳 있는데 그중에서도 차귀도 배경이 최고이다. 그리고 차귀도를 가장 아름답게 조망할 수 있는 곳은 제주올레 12코스 후반부인 생이기정길이다. 생이기정길 자체도 너무 좋아서 나는 제주올레 코스의 3대 포인트라고 생각할 정도이다.

엉또폭포

주소 | 제주특별자치도 서귀포시 강정동
연락처 | 064-760-3192

소개글

　평소에 찾아가면 볼 수 없지만 비가 어느 정도 내린 다음날 가면 폭포를 볼 수 있는 독특한 곳이 있습니다. 바로 엉또폭포입니다. 마중물을 부어야 물이 쏟아지는 펌프마냥 천혜의 마중물이 있어야만 폭포줄기를 쏟아내는 폭포인 만큼 시기를 잘 맞추어 찾아가야 합니다. 그래서 엉또폭포가 터졌을 때 찾아가면 행운을 찾은 것 같아 기분이 좋아집니다. 항상 즐길 수 있지 않는 것을 즐길 수 있을 때 느끼는 쾌감 같은 느낌도 듭니다. 엉또폭포가 그렇게 불편함을 무릅쓰고 찾아가서 보아야 할 만큼 아름다운 폭포냐고 물어온다면 그렇다고 말할 수 있습니다. 폭포가 장대하게 콸콸 쏟아지는 모습은 언제 보아도 장관이라 할 수 있기 때문입니다.

　엉또폭포는 제주올레길 7-1코스에 있기에 올레길을 자주 걸었던 저는 물 없는 엉또폭포를 자주 보았습니다. 물이 없는 폭포를 사람들은 자주 찾지 않지만 저는 엉또폭포에서 '때를 기다리는 사람'의 심정을 느낍니다. 저 역시나 제주에서 가족들과 행복하게 지내면서 때를 기다렸기에 엉또폭포의 마음을 조금이나마 이해할 수 있었습니다.

생이기정길

주소 | 제주특별자치도 제주시 한경면 노을해안로

소개글

　생이기정길은 제주올레 12코스의 후반부에 있습니다. 무릉외갓집에서 출발해 산경도예, 신도포구, 수월봉 등을 지나서 엉알길과 자구내포구를 지나면 만날 수 있습니다. 의외로 길지 않은 산책로이지만 저는 이곳을 제주올레길 3대 하이라이트 구간이라고 개인적으로 이야기합니다. 특히나 해가 질 무렵에 이 길은 천국으로 가는 길이 됩니다. 석양이 짙게 깔린 길을 걷노라면 흡사 태양 위를 걷는 것 같은 느낌이 드는데 그 색이 서서히 사라져가는 것을 보면 먹먹함이 속을 채웁니다.

　생이기정길을 더 완벽하게 하는 것은 손닿을 듯 바다에 떠있는 차귀도입니다. 지인들이 제주에 내려와서 하고 싶은 것으로 '배낚시'를 선택할 때 저는 항상 자구내포구에 낚싯배를 애용합니다. 1시간 정도 아이들과 낚싯배를 타면서 선상낚시를 하는데 차귀도를 배경으로 낚시를 하고, 잡은 물고기로 회도 먹고 매운탕도 먹으면 무진장 맛있습니다. 그리고 그 지인들과 생이기정길을 걷습니다. 걷는 것을 싫어하는 이들도 생이기정길을 걸으면 엄청 좋아합니다. 제주관광지를 소개하는 책이나 사람들에게 아직 많이 알려지지는 않은 보물 같은 길이라 더욱 저는 보람을 느낍니다.

7) 제주 곶자왈도립공원

한 번에 우리 가족을 사로잡은 곳이다. 몇 년 전 제주에 영어교육도시가 생기면서 조성된 숲길로 곶자왈의 진수를 느낄 수 있는 곳이다. 아이들도 쉽게 걸을 수 있게 길이 정비가 잘 되어있고, 전망대와 곳곳에 쉼터도 만들어져있어 편하다.

8) 용눈이오름(일출)

사진작가 김영갑씨 덕분에 유명해진 오름이다. 오름의 곡선이 아름다워서 사진작가들도 많이 찾는 곳이지만 아침에 일출을 보기 위해 여행객들도 많이 찾는다. 10분이면 오를 수 있지만 1시간 넘게 머무를 정도로 마음에 드는 곳이다. (최근에는 자연휴식년이 지정되었다.)

제주 곶자왈도립공원

주소 | 제주특별자치도 서귀포시 대정읍 에듀시티로 178
연락처 | 064-792-6047

소개글

　곶자왈도립공원은 제주에서 가장 최근에 만들어진 숲길입니다. 제주에 국제영어마을이 만들어지면서 함께 조성된 도립공원입니다. 곶자왈 지역에 국제영어마을이 들어서면서 일부가 곶자왈도립공원으로 조성되었습니다. 이곳은 남방계식물과 북방계식물이 공생하는 곶자왈에 만들어진 곳으로 인공적인 건축물은 딱 필요한 것들만 만들어 곶자왈을 최대한 훼손하지 않는 방향으로 만들어졌습니다.

　시간이 맞으면 해설가와 함께 걸어 다니며 곶자왈과 관련된 것들에 대한 설명을 들을 수도 있습니다. 미술관 안을 혼자 거니는 것도 좋지만 큐레이터와 함께 다니는 것도 색다른 재미가 있는 것처럼 혼자 삼림욕을 하는 것도 좋지만 해설가와 함께 곶자왈 안을 돌아다니는 것도 색다른 재미가 있습니다. 특히나 아이들과 함께 오셨다면 더할 나위 없이 좋은 기회입니다.

　곶자왈은 단순히 숲이라는 단어로 뭉뚱그려 말할 수 있는 곳이 아닙니다. 억새꽃밭과 라벤더 꽃밭이 다르고 플라타너스 숲과 대나무 숲이 다른 것처럼 곶자왈은 단순히 온갖 식물이 공생하는 곳이 아닙니다. 그러니 곶자왈의 매력을 알고 싶다면 직접 걸어보아야 합니다. 곶자왈은 정말이지 제주에서 보물 같은 곳입니다.

용눈이오름

주소 | 제주특별자치도 제주시 구좌읍 종달리 산28

소개글

　용눈이오름은 위에서 내려다보면 분화구의 모습이 용의 눈처럼 보인다 하여 용눈이오름이란 이름이 붙었습니다. 용눈이오름은 사실상 얼마 전까지만 해도 제주에서 가장 유명한 오름이었습니다. 아침 일출장소로도 유명했고, 전망도 좋고, 오름의 능선도 아름다워 사진작가 분들도 많이 찾았던 곳입니다. 그리고 고 김영갑 사진작가가 가장 즐겨 찾았던 곳이기도 합니다. 또한 10분도 안 되어 정상에 다다를 수 있을 만큼 경사도 완만하고 평이한 길이라 관광객들도 많이 찾았던 유명 관광지였습니다. 하지만 너무 많은 분들이 찾았기 때문인지 오름은 훼손되었고, 2021년 2월 1일부터 자연휴식년제를 시행하여 출입이 금지되었습니다.

　용눈이오름에 가본 분이시라면 오르는 길이 얼마나 기분 좋은 길인지, 얼마나 쉽게 올라갈 수 있는지, 얼마나 많은 것을 볼 수 있는지 기억하실 것입니다. 용눈이오름의 정상에서 바라보던 풍광과 그 제주 바람을 잊을 수는 없을 것입니다. 용눈이오름의 훼손이 빠른 시간에 회복되어 다시 그 길을 걷게 되기를 손꼽아 기다려봅니다. 그리고 앞으로는 더 이상 오름의 훼손 없이 자연을 보존하면서 자연을 즐기는 문화가 빠른 시간 안에 정착되었으면 좋겠습니다.

9) 제주올레 1코스(알오름)

한비야씨가 '우주 최고의 풍광'이라고 했던 제주올레 1코스 알오름 정상에 서면 저절로 감탄사가 쉬지 않고 터져 나온다. 우도와 성산일출봉과 지미봉과 중산간의 수많은 오름 군락을 보면 쉽게 흥분을 가라앉힐 수가 없다. 조각보처럼 펼쳐진 밭들의 풍광은 예술이다.

10) 동문시장

서귀포 매일올레시장과 더불어 제주의 대표적인 재래시장인 동문시장은 많은 여행객이 찾는 곳이다. 가격이 저렴하고 수산물이 신선하여 선물용으로 구입하려는 분들이 많다. 횟집에 가지 않고 직접 동문시장에서 회를 구입하여 숙소에서 드시는 분들도 많으시다.

제주올레 1코스(알오름)

주소 | 제주특별자치도 서귀포시 성산읍 시흥상동로 53번길 88-46

소개글

　제주올레길의 첫 번째 코스는 상징적인 의미가 많습니다. 제주의 많은 좋은 길 중에서 왜 이 길을 1코스로 정하게 되었는지 알면 참으로 재미있습니다. 물론 1코스에 있는 알오름에서의 풍광도 멋집니다. 1코스 정상에서 바라보는 풍광은 '우주 최고의 풍경'이라고 생각이 들 정도입니다.

　제주올레 1코스는 시흥리 정류장에서 시작하여 말미오름(알오름) 정상을 지나고, 종달리와 목화휴게소를 지나 한참 해안을 따라 걷다가 성산일출봉이 바라보이는 광치기해변에서 끝나는 제주올레길입니다. 총 길이가 15.1km여서 넉넉잡아 4~5시간은 걸리지만 그만한 시간을 투자할 만큼의 가치가 있는 길이기도 합니다. 사람과 사람과의 관계에서 제일 큰 영향을 미치는 것이 '첫인상'인 것처럼 제주올레길 1코스는 향후 이어지는 코스에 대한 기대감을 불어넣어줍니다.

　저는 제주올레 1코스를 걷기 전에 말미오름 초입에 있는 제주올레 안내소를 반드시 들러보라고 추천 드립니다. 그곳에 가면 제주올레를 더 잘 알 수 있게 되며, 왜 이곳부터 제주올레 1코스가 시작되었는지 알 수 있기 때문입니다.

동문시장

주소 | 제주특별자치도 제주시 관덕로 14길 20
연락처 | 064-752-3001

소개글

　제주도에서 가장 규모가 크고 가장 오래되었으며, 가장 대표적인 시장입니다. 제주에 '없는 거 빼고 다 있는' 시장이라 할 수 있습니다. 요즘은 무엇이든 대형마트나 온라인 쇼핑몰에서 구매할 수 있기에 전통시장이 점점 사라지는 추세이지만 동문시장은 다릅니다. 대형마트나 온라인 쇼핑몰은 빠르게 무엇이든 구매할 수 있고 포인트도 쌓이고 편하게 내 집에서 받아볼 수 있기에 분명 효율적이며 편리하지만 동문시장은 다릅니다. 동문시장은 제주의 삶이 다 녹아있는 시장입니다. 제주의 특산품을 인터넷보다 싸게 구매할 수 있고, 사진발에 속아 넘어가지 않을 수 있으며, 전통시장 특유의 활기참이 가득합니다. 심지어 집으로 택배로 보낼 수도 있어 동문시장을 찾지 않을 이유가 없습니다. 전통시장이라고 해서 마냥 물건 가짓수가 적은 것도 아닙니다. 동문시장은 언급했듯이 없는 거 빼고 다 있는 곳입니다.

　이제 제주를 제대로 여행하시는 분들은 아십니다. 육지로 돌아오기 전 마지막 코스는 동문시장이며, 기념품을 사야하는 곳도 동문시장이며, 제주에서의 추억을 오롯이 담아올 수 있는 곳도 동문시장이라는 것을 말입니다.

11) 한라산둘레길 천아숲길

한라산둘레길 중 가장 좋아하는 코스가 천아숲길이다. 다소 오르막이 있어 힘들기는 하지만 한라산의 숲길을 제대로 만끽할 수 있는 코스이다. 시간적인 여유가 된다면 천아숲길에서 조금 벗어나 노루오름과 한대오름까지 가보는 것도 좋다.

12) 고사리 꺾기

봄이 되면 제주도의 지천에 고사리가 피어난다. 그때가 되면 제주의 넓은 들판과 오름들에는 수많은 사람들이 고사리를 꺾고 계신다. 가족들과 함께하기에 재미있는 경험이기도 하지만 고사리가 제법 비싼 가격에 거래되기 때문에 돈을 벌기 위해서 전문적으로 나서시는 분들도 많으시다.

13) 요트투어

이용료가 비싸기는 하지만 아이들이 특히나 좋아하는 요트타기 체험이다. 요트를 타는 것도 신기해하고 고기잡이체험도 기억에 많이 남는다. 운이 좋으면 돌고래까지 볼 수 있다. 제주의 여러 곳에서 요트를 탈 수 있어 일정에 맞춰 선택하면 된다.

한라산둘레길 천아숲길

주소 | 제주특별자치도 제주시 애월읍 광령리

소개글

한라산 둘레길1구간이라는 이름보다 천아숲길이란 이름으로 더 널리 알려진 길입니다. 천아수원지에서 시작하여 돌오름까지 걷는 길인데 오르막이 포함된 산길을 9km로 걸어야 되는 거라 아이들에게는 다소 긴 편입니다. 그리고 산악자전거로 이 길을 즐기는 사람도 있지만 인적이 드문 곳이라 가급적 주말을 이용해서 걷는 것이 좋습니다.

천아숲길은 가을에는 아름답게 물든 단풍이 오가는 사람들의 시선을 빼앗는 멋진 숲길입니다. 떨어진 벚꽃은 단지 꽃이 진 것이 아니라 벚꽃 길을 만드는 것처럼 단풍 또한 평범한 낙엽이 아니라 단풍 길을 만듭니다. 그렇기에 다들 봄이면 벚꽃을 보려 하고 가을이면 단풍을 보려 하는지도 모르겠습니다. 비단 피어난 모습만이 아름다워서가 아니라 진 모습 또한 아름답기 때문일 것입니다. 사람 또한 이와 같아야 하지 않을지를 생각하게 만드는 길이 바로 천아숲길입니다.

천아숲길은 여름에 가도 좋습니다. 울창한 숲길로 이어지는 길을 걷노라면 더운 여름임을 잊게 만듭니다. 나뭇잎 사이로 비추는 햇살이 반짝거릴 때 이 길이야말로 최고의 길이다 라는 생각을 하게 됩니다.

14) 표선해비치 해수욕장

모래놀이하기에는 최고의 해수욕장이다. 백사장이 제주에서 가장 넓은 곳이기 때문이다. 수심도 낮아 썰물 때는 한참이나 나가도 아이들 허리 높이까지밖에 되지 않는다. 미취학 아이들이 놀기에는 최적의 해수욕장이다.

15) 교래자연휴양림 숲해설

교래자연휴양림에서 숙박을 하면 더 좋겠지만 그렇지 않더라도 교래 곶자왈을 숲해설사의 설명을 들으며 걷는 것도 좋다. 거리가 짧아 아이들이 힘들어하지 않는다. 또한 신기한 곶자왈의 모습을 친절한 설명과 함께 즐기면 저절로 자연의 공부가 된다.

▌표선해비치 해수욕장

주소 | 제주특별자치도 서귀포시 표선면 표선리
연락처 | 064-760-4992

소개글

　표선해비치 해수욕장은 총 면적은 250,000m², 백사장은 160,000m²에 다다를 정도로 엄청난 스케일의 해수욕장입니다. 제주도에 있는 해수욕장에서 최고의 백사장이라고 해도 손색이 없습니다. 썰물이 되면 끝도 없이 펼쳐진 백사장에 어디가 바닷가인지 모를 정도가 됩니다. 특히나 표선해비치 해수욕장은 수심이 낮은 편이기에 아이들과 함께 놀기에도 알맞은 곳입니다. 저희 가족이 해마다 찾는 여름휴양지이기도 합니다.

　그 드넓은 백사장도 밀물이 되면 찰랑찰랑 얕은 물에 잠긴 백사장으로 변합니다. 이럴 때는 맨발로 걷는 것을 추천 드립니다. 발목까지 차오르는 바닷물이 당신의 근심 걱정까지 씻어 내줄 것이기 때문입니다.

　저는 산을 더 좋아하지만 우리 가족들은 바다를 더 좋아합니다. 뜨겁게 달궈진 백사장에 앉아 바닷바람을 쐬는 것을 좋아하고, 물에 들어가서 튜브를 끼고 둥둥 떠다니는 것도 좋아하고, 수영을 하는 것도 좋아합니다. 또한 아이들은 모래성을 쌓는 것도 좋아하고, 그냥 하염없이 해변을 걷는 것도 좋아하고, 물결이 일렁이는 것을 단지 바라보는 것도 좋아합니다.

16) 수월봉 해안 지질공원

　세계지질공원으로 등록된 수월봉 해안가는 제주올레 12코스의 일부라서 자주 찾는 곳이다. 여기에도 해설사분이 계시기에 큰 도움이 된다. 수월봉에서 고내포구까지 걸으며 바다를 즐기는 것도 좋은 선택이 된다.

17) 해녀박물관

　제주의 가장 특색 있는 박물관을 꼽으라고 한다면 해녀박물관이 1순위이다. 해녀에 관한 모든 것이 전시되어있고, 직접 체험도 할 수 있다. 다른 제주의 박물관들에 비해 전시물이 세련되어 아이들에게 호응이 좋다.

18) 코코몽에코파크

　비싼 입장료를 내고 자주 갔던 두 번째 장소이다. 미취학 아동과 초등학교 저학년에게는 천국 같은 곳이라 할 수 있다. 다양한 놀거리 덕분이다. 아이들이 어릴적에 이곳에서 하루 종일 놀았는데 그래도 아이들은 다음에 또 가자고 할 정도였다.

19) 금산공원

　납읍리에 있는 넓지 않지만 보물 같은 숲길이다. 제주올레 15코스 중간지점이라 자주 갔지만 금산공원만을 위해서 간 적도 여러 번이다. 길지 않아 아이들이 좋아하는 숲길이다. 바로 옆에 납읍초등학교 운동장에서 노는 것도 좋아한다.

해녀박물관

주소 | 제주특별자치도 제주시 구좌읍 해녀박물관길 26
연락처 | 064-782-9898

소개글

　제주해녀박물관은 해녀의, 해녀를 위한, 해녀에 의한 박물관입니다. 2006년에 개관했으며, 다양한 해녀관련 자료들이 전시되어 있습니다. 특히나 아이들에게 해녀에 대해, 제주에 대해 소개하기에는 더없이 좋은 곳입니다. 제주해녀박물관에는 기계 하나 없이 맨몸으로 거친 바다에 뛰어들어 물질을 하는 해녀들에 대한 모든 것을 소개해놓았습니다. 제주도 해녀에 대해 안다는 것은 제주도의 삶을 아는 것이나 마찬가지기에 제주도의 삶이 깃든 곳이라고 보아도 무방합니다.

　특히나 제주해녀박물관에는 아이들을 위한 체험시설과 공간이 많습니다. 우리 아이들도 이곳에서 만들기 체험을 꽤나 했었습니다. 제주해녀박물관은 바닷가 옆에 바로 위치해 있어 박물관 관람을 마치고 바로 바다에 나가 바닷바람을 쐬는 것도 좋은 추억이 됩니다. 근처에 예쁜 카페도 있어 어른들도 좋아하며, 최근에는 제주올레 21코스 안내소도 제주해녀박물관 바로 앞에 개소하여 제주올레꾼들도 의미 있는 곳이 되었습니다.

　제가 개인적으로 가장 제주다운 장소라고 생각하는 곳이 제주해녀박물관이며, 26개 제주올레 코스 중에 우리 가족이 가장 많이 갔고, 가장 좋아하는 코스도 21코스입니다.

20) 천지연폭포

　제주에는 유명한 4곳의 폭포가 있지만 제주에 오신 지인들과 꼭 가는 곳이 천지연폭포이다. 언제나 즐길 수 있고, 가장 멋진 풍광이기 때문이다. 평지이고 유모차도 갈 수 있다는 장점도 있다. 수많은 이들이 같은 곳에서 같은 포즈로 사진 찍는 모습을 보고 있으면 재미있기도 하다.

21) 카라반

　캠핑을 즐겼던 우리 가족도 가끔씩 카라반을 이용했다. 다소 비용이 비싸기는 하지만 모든 시설이 완벽하게 갖추어져있는 카라반은 색다른 추억이 되었다. 저녁요리를 카라반 밖에서 직접 요리해서 즐기면 캠핑의 맛까지 느낄 수 있다.

▌천지연폭포

주소 | 제주특별자치도 서귀포시 천지동 667-7
연락처 | 064-733-1528

소개글

　제주도 패키지여행 코스에서도 결코 빠지지 않는 관광명소 중 하나입니다. 그래서 중고등학생 수학여행 철에 찾아가면 폭포소리보다 사람소리가 더 클 수도 있다는 사실을 알게 되는 곳이기도 합니다. 그럼에도 불구하고 제가 이곳을 추천 드리는 이유는 가족들과 함께 가기 너무나 좋은 곳이기 때문입니다. 심지어 유모차를 끌고도 편하게 다녀올 수 있으며, 제주의 폭포를 가장 편하게 만끽할 수 있는 곳이기도 하기 때문입니다.

　하늘(天)과 땅(地)이 만나 이루어진 연못(淵)이어서 천지연(天地淵)이라는 이름이 붙었다는데 무슨 그런 거창한 이름이 붙었나 싶겠지만 그 연못을 실제로 보면 그것이 허명이 아님을 알 수 있을 것입니다. 웅장한 폭포줄기가 콸콸 쏟아지는 것을 보면 속이 뻥 뚫린 것처럼, 체기가 싹 내려가는 것처럼 시원한 느낌이 듭니다.

　그리고 천지연 폭포를 배경으로 기념사진을 찍는 사람들의 모습을 지켜보는 것도 너무 재미있습니다. 다들 즐거워하는 모습을 보고 있자면 저 역시 저절로 미소 짓게 되고, 그 행복이 전해져 오는 느낌입니다. 그리고 기회가 되면 시공원에서 천지연 폭포를 한번 보시라고 권유 드립니다. 다른 관점에서 바라보면 같은 사물이라도 다르게 보이며, 때로는 더 아름답게 보인다는 것을 아시게 될 것입니다.

22) 한라산둘레길 돌오름길

한라산둘레길 중 돌오름길은 짧고 내리막이라 아이들과도 즐길 수 있는 곳이다. 특히 여름이면 시원하게 즐길 수 있고, 가을에는 단풍이 아름다운 코스이다. 길도 넓어 아이들과 손잡고 장난치며 걷기에는 좋은 곳이다.

23) 백약이오름

길이 잘 정비가 되어 있어 가족과 오름을 즐기기에 좋은 곳이다. 접근성도 좋고, 10분이면 정상에 도착할 수 있을 정도로 편하다. 분화구 능선을 따라 한 바퀴 돌면 제주 중산간의 풍광을 만끽할 수 있어 더없이 좋다.

한라산둘레길 돌오름길

주소 | 제주특별자치도 서귀포시 1100로 1187

소개글

　한라산둘레길 2코스란 이름보다 돌오름길이란 이름이 더 유명한 길입니다. 한라산 둘레길 1코스에 비해서 짧고(8.1km), 내리막으로 구성되어 있어 아이들과도 함께 걷기 좋습니다. 돌오름길은 여름에 찾아가면 시원하고 가을에 찾아가면 단풍 길을 거닐 수 있어 더욱 좋습니다. 대부분 내리막길이어서 아이가 중간에 드러누우며 더는 못 걷겠다고 뻗대는 일은 없을 것입니다. 또한 길이 넓은 편이어서 좁은 숲길을 싫어하는 사람들이 다니기에도 안성맞춤입니다. 길이 넓기 때문에 아이들과 손잡고 걸을 수 있습니다. 이 길을 걸으면 아마도 아이들은 분명 다른 곳도 걸어보고 싶어 할 것입니다. 어쩌면 상황이 역전되어 좀 쉬고 싶은 당신과 실랑이를 하게 될지도 모릅니다.

　저는 제주올레길을 무척이나 좋아하지만 여름에는 한라산둘레길을 즐겨 걸었습니다. 울창한 나무가 그늘이 되어 주는 시원한 숲길을 걷고 있노라면 세상 부러울 것이 없어집니다. 특히나 그 길을 가족들과 함께 걷는다면 '이보다 더 행복할 수 없다.'는 생각을 하게 됩니다. 돌오름길은 그런 행복을 제게 여러 번 주었습니다. 참으로 고마운 길입니다.

24) 제주국제관악제

　매년 여름에 제주의 여러 곳에서 진행되는 제주국제관악제는 다양한 연주를 접할 수 있어 좋은 체험이 되었다. 지금도 천지연폭포와 절물자연휴양림과 용눈이오름에서 즐겼던 연주를 가족들은 잊을 수 없다고 한다.

25) 제주올레 16코스

　아이들과 걷기 좋은 제주올레 코스 중 한 곳이다. 특히 16코스 전반부는 해안도로라서 더욱 좋다. 우리 가족에게는 가장 추억이 많은 제주올레 코스이기도 하다. 자전거로도 즐길 수 있는 곳이다.

26) 9.81 파크

소개하는 제주 관광지 중 가장 최근에 생긴 곳으로, 한번 갔다가 아이들이 6시간 이상 놀았던 곳이다. 카트뿐만 아니라 서바이벌과 실내 체험놀이 등 온갖 즐길 거리가 가득한 곳이다. 비용이 다소 비싸다는 단점은 있다.

백약이오름

주소 | 제주특별자치도 서귀포시 표선면 성읍리 산 1

소개글

백약이오름은 동검은이오름, 좌보미오름, 개오름 등 오름들 사이의 오름이지만 길이 잘 정돈되어 있어서 찾아가는 데 불편함이 없습니다. 외딴 곳에 있는 오름이지만 정비가 참으로 잘 되어있는 오름입니다. 10~15분 정도면 정상에 오를 수 있을 정도로 낮은 오름이지만 그렇다고 해서 경치가 아름답지 않은 건 아닙니다. 제주는 동쪽의 풍경이 다르고 서쪽의 풍경이 다르고 남쪽·북쪽의 모두의 풍경이 다릅니다. 그래서 각 지역의 대표적인 오름은 한군데씩이라도 올라보는 것이 좋습니다. 물론 368개의 오름을 오를 때마다 느낌은 다 다르겠지만 백약이오름은 많은 오름들 사이에 있는 곳이기에 더욱 특별한 풍광을 선물해줄 것입니다.

또한 백약이오름은 100가지 약초가 있다고 이름 붙여질 정도로 자연 그대로의 오름입니다. 사람들이 자주 찾지 않는 조용한 오름이기에 지금도 100가지 약초가 만발하는 곳으로 남아있습니다. 그래서 저는 지인들이 오시면 백약이오름을 자주 찾아가곤 했습니다. 가장 제주를 만끽할 수 있는 오름이라고 생각했기 때문이죠. 제주를 떠난 지금도 백약이오름 정상에서 맞이한 풍광과 그 바람을 잊을 수가 없습니다. 백약이오름이 너무 유명해져서 용눈이오름처럼 자연휴식년이 되지 않았으면 하는 욕심 같은 바람을 가져봅니다.

III. 제주가 행복했던 이유

1. 우리 가족의 취미는 트레킹

제주올레 마니아 아빠를 둔 가족들이 제주올레를 대하는 법

　제주에 오자마자 제주올레에 푹 빠진 나를 위해 가족들은 제주올레를 함께 즐겨주었다. 아이들이 그리는 그림 속 아빠는 제주올레를 걸을 때 입는 복장이었고, 제주올레길을 걷는 그림속 자신들의 모습은 클린올레를 아빠와 함께하고 있었다.

　제주에서 7년 동안 가족들과 함께한 제주올레길 걷기는 총 26번이다. 제주올레 26개 코스 중 18개의 코스를 걸었다. 주로 '클린올레(제주올레길을 청소하며 걷는 자원봉사)'와 '아카자봉 함께걷기(제주올레 초보자와 함께 걷는 자원봉사)'에 리더로서 아빠가 참석한 자리에 함께한 것이다. 모든 코스를 끝까지 완주는 못했지만 한 번에 3~4시간씩 제주올레길을 걸으며 아이들은 조금씩 성장해나갔다.

아내와 처음으로 걸었던 제주올레 6코스는 가장 기억에 남는 곳이다. 결혼기념일에 함께 6코스를 6시간 동안 걸었다. 당시 집안문제로 서로가 조금씩 아쉬움을 갖고 있었는데, 오직 둘만 오롯이 걸으며 이야기를 나누니 오해는 풀리고, 다시 사랑의 스위치가 켜졌다. 걷다가 울음이 터진 아내를 달래느라 혼쭐이 났던 기억은 아마 평생 잊을 수 없을 것이다.

전국체전 성화봉송 주자로 두 아들과 16코스를 걸었던 기억도 오래 갈듯하다. 제주에서 열리는 전국체전을 기념하기 위해 성화가 제주올레

길을 하루에 한 코스씩 돌았는데 성화봉송 주자로 선정되어 아이들과 함께 16코스를 걸었다. 성화가 꺼질까봐 노심초사하는 아이들의 모습이 마냥 귀여웠다.

또한 16코스는 우리 가족이 처음으로 다 같이 클린올레에 참석한 코스이기도 하다. 고사리 같은 손으로 쓰레기를 줍는 아이들을 보며 많은 올레꾼들이 응원을 보내주셨다. 나와 아내는 아이들이 직접 자원봉사를 하며 많이 깨닫기를 바랐지만 당시 어렸던 아이들은 그냥 가족들과 노는 날로 여겼을 것 같다.

노란색으로 맞춘 가족 티셔츠를 입고 아카자봉 함께걷기에 온 가족이 참석했던 7-1코스도 기억에 남고, 딸과 둘만 참석한 3코스 클린올레도 흐뭇한 미소와 함께 기억한다. 나는 걷고 아이들은 자전거로 즐겼던 4코스도 좋았고, 아이들과 함께 자전거로 즐겼던 20코스도 기억이 생생하다. 1박 2일로 진행되었던 추자올레(18-1코스)에는 아들 둘과 참석해서 집이 아닌 곳에서 처음으로 부자끼리만 밤을 보냈다. 26개의 제주올레 코스중 21코스와 10-1코스를 특히 자주 갔는데, 그 덕분인지 이 두 코스는 우리 가족이 가장 좋아하는 제주올레 코스가 되었다.

제주올레 아카데미 총동문회에서 진행한 육지길 걷기행사에도 가족들과 참석을 자주 했다. 양평물소리길에는 장모님과 처제랑 같이 갔고, 남해바래길은 둘째와 함께였다. 통영길걷기행사 때도 장모님과 함께해서 더욱 즐거웠다.

처음에는 혼자 즐겼던 제주올레였지만 가족들과 함께 걸으며, 혼자보다는 함께일 때가 더욱 행복하다는 것을 깨달았다.

가고 싶은 곳으로 한라산을 선택하는 아이들에게 감사하다.

우리는 가족여행 목적지를 가족회의를 통해 정하는데 대부분 아이들 의견을 최대한 존중하려고 한다. 그런데 기특하게도 아이들이 한 번씩 아빠가 좋아하는 한라산에 가자고 한다. 그럴 때면 '다 컸구나!'라는 생각이 든다.

아이들과 한라산을 즐기는 가장 좋은 방법은 영실코스를 이용하는 것이다. 2시간 정도 걸으면 목적지인 윗세오름에 도착한다. 길 정비도 잘 되어있고 풍광도 좋아 갈 때마다 만족감을 느낀다. 실제로 우리 가족이 가장 자주 간 한라산 코스이기도 하다.

한라산국립공원 홈페이지에 한라산 코스로 소개되어 있는 어승생악도 아이들과 함께하기 좋은 곳이다. 어승생악 정상은 해발 1,169m이다. 해발 970m인 어리목 주차장에서 시작하면 일반적으로 30분이면 갈 수 있는 거리이다. 총 거리가 1.25km로 다소 경사가 있는 구간도 있지만 누구나 부담없이 다녀올 수 있다.

한라산 백록담에는 가족과 두 번 다녀왔다. 둘째가 5살일 때 조카 2명과 함께 4명이서 백록담에 다녀왔고, 장모님과 둘이서 다녀온 적이 있다. 둘째와의 백록담 산행은 아주 우연히 성사되었다. 뉴질랜드에서 제주로 놀러온 초등학교 2학년과 3학년인 조카들이 한라산 정상까지 가고 싶다고 해서 아내가 차로 성판악 주차장까지 데려다주었는데, 그때 엄마를 따라왔던 둘째가 자기도 아빠를 따라가고 싶다고 떼를 썼다. 아마 백록담까지 가는 데 얼마나 오래 걸리는지 몰랐을 것이다. 아이들

의견을 웬만하면 들어주는 편이기에 둘째도 데리고 등산을 시작했다. 근데 의외로 잘 걸었다. 중간중간에 가끔씩 안아주기도 했지만 결국은 백록담에 무사히 도착을 했다. 아들은 그 기억을 아직도 똑똑히 기억한다. 그리고 어릴 적 그 한 번의 성공 경험은 아들에게 큰 자신감을 선물로 주었다. 자기는 '한라산 백록담에 5살 때 갔다온 남자'라고 자랑도 한다.

　장모님의 백록담 산행은 준비과정을 몇 번 거쳐서 성사되었다. 평소 등산을 자주 하시는 편이 아니시라 처음부터 백록담에 도전하는 것에 부담을 느끼신 장모님과 먼저 사라오름까지 다녀왔다. 사라오름은 백록담으로 가는 성판악 코스의 3/5 지점에 위치한 오름이다. 사라오름까지 가뿐히 다녀온 장모님께서는 백록담에 도전하셨고, 거뜬히 성공하셨다. 장모님과 백록담에 올랐을 때 정상에서 갑자기 비와 우박이 내려 놀랬었다. 제주시는 무척이나 더운 날씨였는데 정상에서 갑자기 흐려지더니

비가 내렸던 것이다. 하산 후에 가족들에게 이야기했더니 다들 못 믿는 눈치였다.

한라산 석굴암 코스도 둘째와 다녀왔다. 다소 가파른 길이었지만 한라산 정상에 다녀온 아들에게는 어렵지 않은 길이었다. 나만의 취미로 끝날 수 있었던 한라산 즐기기를 가족들이 함께 좋아해 주어서 참으로 감사했다.

제주의 보물 오름을 가족과 함께 즐기다.
우리 가족은 자주 오름을 갔었다. 보통 15분이면 정상에 도착하는 오름은 부담없이 언제나 즐길 수 있는 가족 트레킹 코스이다. 그중 거문오름과 성산일출봉과 송악산과 어승생악을 자주 갔다.

아내가 제주에서 가장 좋아하는 오름은 지미봉이다. 성산일출봉과 우도가 가장 아름답게 보이는 곳으로 제주올레 21코스이기도 하다. 다소 가파르게 올라가지만, 두어 번 쉬었다가 오르면 아이들도 20분이면 도착하는 길지 않은 거리이다. 그리고 정상에서 펼쳐진 제주의 아름다운 풍광을 보면 그 힘듦은 금방 사라진다. 바다의 풍광도 멋지지만 오름들이 펼쳐진 중산간 방향의 풍광도 멋지다. 지미봉 정상에서 조망할 수 있는 오름은 20여 개로 육지의 산 정상에서 여러 봉우리들을 보는 듯하다. 지미봉은 일출 장소로도 유명한 곳이다.
제주에서 맞이한 첫 번째 결혼기념일에 아내와 함께 간 새별오름 트레킹도 잊을 수가 없다. 내가 오름 투어를 시작한 지 얼마 되지 않았을 때 오름이 너무 좋아 아내와 함께 갔었는데, 안개가 너무 자욱하여 길을 찾지 못해서 한참을 고생했다. 길은 연결되어 있다고 믿는 내가 일단 가보자고 계속 우겨서 사람들이 거의 안 다니는 길에서 헤맸던 것이다. 그날의 에피소드는 우리 부부를 항상 웃게 만든다.

지인들과 자주 가는 오름은 금오름이다. 차가 정상까지 올라갈 수 있는 유일한 오름으로, 분화구에 물이 고여 있는 몇 안 되는 오름이다. 직접 분화구까지 내려갈 수 있어서 특히나 내가 좋아한다. 금오름 능선을

한 바퀴 돌면 멋진 제주 서쪽의 바다를 한눈에 담을 수 있다. 금오름에서 바라보는 비양도와 한라산 모습은 절경이다.

아들 둘과 함께 갔던 남송이오름, 딸과 함께였던 별도봉, 장모님과 함께였던 사라오름, 아내가 고사리를 꺾는 동안 아이들과 잠시 다녀왔던 이달오름, 지인들과 함께 갔었던 백약이오름, 반딧불이를 봤던 다랑쉬오름, 계단오르기 게임으로 한참을 올랐던 물영아리오름, 칼싸움하며 달리듯 걸었던 모슬봉, 제주의 남서쪽이 한눈에 들어오는 군산, 함덕카라반에서 밤을 보내고 새벽 산책으로 걸었던 서우봉, 붉은오름 자연휴양림에 갔다가 저녁에 오른 붉은오름, 가족과 함께 노을을 감상했던 사라봉 등 한순간 한순간이 아름다운 감동으로 남은 오름 트레킹이다.

부담없고 언제 가도 좋은 제주의 숲길을 걷다.
제주올레를 접하고, 한라산을 몇 번 다녀오고, 오름들을 몇 군데 걸은 후 우리 가족은 숲길을 걷기 시작했다. 더운 여름에는 시원한 숲길이 최고였다. 봄에는 야생화가 우리를 맞이했고, 가을에는 낙엽이 우리를 반겨주었기에 언제 가도 좋은 길이었다. 또한 길이 거의 평지라서 아이들과 함께 걷기에 더없이 좋았다.

아이들과 여름에 걷기에는 한라산둘레길이 최고였다. 특히나 몇 개의 한라산둘레길 코스는 거의 내리막으로 걸을 수 있어 힘들지도 않았다. 아이들은 거의 뛰다시피 해서 숲길을 즐겼다. 한라산둘레길은 또한 대부분

길이 넓어 가족들과 나란히 이야기하며 걷기에도 좋았다. 교통편이 다소 불편하기는 했지만 제주의 자연을 느끼기에는 안성맞춤인 숲길이다.

교통편도 편하고 사람들이 많이 찾아 인적이 드물지도 않는 절물자연휴양림의 장생의 숲도 자주 가는 숲길이다. 절물자연휴양림은 6년간 우리 가족이 가장 많이 갔던 곳으로 다양한 트레킹 코스가 있어 입맛에 따라 골라먹는 재미도 있다. 짧게 걷고 싶으면 너나들이길을 1시간 정도 걷고, 탁 트인 전망이 보고 싶으면 절물오름 코스로 가고, 2~4시간씩 심도 깊은 대화를 나누고 싶으면 장생의 숲을 걷는 것이다. 한번은 아이들과 장생의 숲을 걷다가 노루를 만난 적도 있다. 동물원에 갇힌 노루가 아니라 실제로 살아 숨 쉬는 노루를 보며 아이들은 흥분 상태에서 쉽게 벗어나지 못했다.

장생의 숲이 있는 절물자연휴양림에서 출발하여 한라생태숲으로 이어지는 숯모르 숲길도 좋다. 하지만 숯모르 숲길은 다소 길어 우리 가족은 한라생태숲에서만 즐겼다. 한라생태숲은 조성된 지가 얼마 되지 않은 곳이라 그늘이 적어 다소 아쉬웠다.

한라수목원은 집에서 차로 7분 거리에 있어 손쉽게 가는 산책로이다. 자주 갔음에도 불구하고 한라수목원 역시 걷는 길이 다양해서 쉽게 지겨워지지 않는다. 한라수목원 주차장 옆의 커피숍에서 이야기하며 시간 보내기도 좋아 지인들과도 종종 가는 곳이다.

납읍리에 있는 금산공원은 사람들이 잘 모르는 숲길이다. 20분이면 완주할 수 있는 짧은 코스이지만 쉬엄쉬엄 아이들과 자연을 즐기며 걸으면 딱 적당한 거리이다. 여름에 아름드리나무 밑에서 매미 소리를 들으면 어릴 적 외할머니 집에 갔던 기억이 떠올라 자주 가는 곳이다. 금산공원 입구 옆에 있는 납읍초등학교 운동장에서 축구하거나 농구하며 노는 것도 아이들이 즐긴다.

우리 가족이 가장 좋아하는 숲길은 비자림이지만 사려니숲길도 자주 갔던 곳이다. 사려니숲길은 워낙 코스가 길어 한 번에 완주하지는 못했지만, 코스 양쪽 끝에 있는 주차장에 차를 세워두고 원하는 만큼 걷다가 돌아오곤 한다. 특히 1년에 한 번 열리는 〈사려니숲 에코힐링 체험〉행사 때는 평소에 개방하지 않는 물찻오름과 사려니오름을 오를 수 있어 자주 가곤 한다. 해가 갈수록 아이들이 걷는 거리가 늘어나는데 2017년에는 무려 12km를 걸어 뿌듯했다.

조천에 위치한 동백동산은 우리 가족이 2번 걸었던 숲길이다. 2년 만에 갔더니 너무 변해있어서 놀랬을 정도로 잘 정비되어 있었다. 30분 이상 걸어 들어가면 람사르습지에 등록된 동백동산 습지를 만나게 되는데 보물찾기하는 기분도 든다. 일부를 제외하고는 길이 넓어 아이들과 뛰어놀 듯 걷기에 좋은 곳이다.

교래자연휴양림 안에 위치한 교래 곶자왈도 아이들과 걷기에 좋다. 더구나 자연해설사의 설명을 들으며 걸을 수 있어 더없이 좋다. 교래자연휴양림에서 숙박을 하면 더 좋겠지만 워낙 경쟁률이 치열하여 우리는 교래 야영장에 캠핑을 한 날 숲길을 걸었다. 교래자연휴양림에는 큰지그리오름으로 가는 코스도 있다.

화순 곶자왈은 거의 알려져 있지 않는 숲길이다. 그래서 인적도 드물고, 교통편도 불편하다. 덕분에 우리 가족만의 숲길을 걸을 수 있는 장점이 있다. 산책로 거리가 짧아 제주 서남쪽 지역을 여행하다가 지나가는 길에 잠시 들러 즐기는 것도 좋을 것이다.

곶자왈 도립공원도 자주 갔었다. 영어교육도시가 조성되면서 만들어진 숲길로 생각보다는 상당히 괜찮았다. 길도 잘 정비되어 있고, 중간에 쉴 수 있는 공간도 잘 만들어져 있었다. 길도 다양하고, 한 바퀴 돌고 다시 출발점으로 돌아올 수 있는 점도 편했다. 다만 입장시간이 제한되어 있어 동절기에는 3시, 하절기에는 4시까지 가야 숲길을 걸을 수 있었다. 우리 가족도 처음에 그냥 갔다가 입장시간이 지나서 들어가지 못했었다.

2. 초보자가 즐기는 제주 가족 캠핑

제주에서의 가족 캠핑 27번

 사실 처음부터 우리 가족이 캠핑을 매우 좋아했던 것은 아니다. 일단 캠핑 장비가 하나도 없었기 때문에 모든 장비들을 구입해야 했고, 텐트를 설치하는 것을 나부터 귀찮아했다. 캠핑 후 많은 짐을 정리해야 하는 것도 부담스러웠다. 그래서 제주에 오고 나서 한참이나 지나고 난 후에서야 캠핑을 해볼까 생각했을 정도이다.

우리 가족이 캠핑을 시작하게 된 계기는 첫째인 딸의 반 친구 가족으로부터 캠핑에 초대를 받은 것이었다. 두 번 캠핑에 초대받아 아이들과 자연 속에서 뛰어놀았는데, 캠프을 다녀온 후 대부분의 가족들이 캠핑하면 좋을 것 같다는 의견에 공감했다. 나도 밤에 캠프파이어를 하면서 대화를 하는 시간이 무척 마음에 들었다.

그러던 차에 지인으로부터 중고 텐트를 구입할 기회가 생겼다. 더구나 텐트의 설치가 간편한 방식이었다. 폴대를 끼워서 요리조리 해야 하는 방식이 아니라 거의 원터치 수준으로 쉬운 방법이었다. 그렇게 해서 우리는 2015년 5월 어린이날에 처음으로 캠핑을 갔다.

청소년 야영장에서 캠핑을 시작하다.

우리 가족이 가장 자주 갔던 캠핑장은 청소년 야영장이다. 집에서 가까웠고, 전기시설이 되어있고, 캠프파이어를 할 수 있다는 장점 때문이었다. 사람이 많지 않아 넓은 공간을 사용할 수 있다는 장점도 있고, 축구장도 있어 아이들과 공놀이도 할 수 있다. 과거에는 차가 텐트 치는 곳 바로 옆까지 들어 갈 수 있어 거의 오토캠핑장 수준이었다.

2015년 5월 어린이날에 우리 가족 첫 캠핑을 청소년 야영장으로 1박 2일 다녀왔다. 그리고 6월 초에 우리의 네 번째 캠핑 때 우리 가족을 처음으로 캠핑에 초대했던 딸의 친구 가족을 초대했다. 캠핑을 시작하고 한 달 만에 은혜를 갚은 것이다.

그 이후로도 청소년 야영장에서 캠핑을 했을 때는 지인들을 초대하곤 했다. 모구리 야영장 등 다른 캠핑장은 거리가 멀어서 다른 분들을 초대하기가 부담스러웠는데 청소년 야영장은 제주시내에서 그리 멀지 않아 가능했던 것이다. 같이 근무하는 치과의사 부부를 초대하기도 했고, 서울에서 내려온 친구가족을 초대하기도 했다. 딸과 둘이서 내려온 친구는 제주시의 호텔에 숙소를 예약했었는데, 친구의 딸이 텐트에서 자고 싶다고 떼를 써서 오랜 시간 설득을 해야 했다.

가장 기억에 남는 청소년 야영장에서의 캠핑은 2016년 여름에 나의 고등학교 때 친구들과의 추억이다. 그 친구들과는 2년에 한 번 정도 제주에 모여서 여름휴가를 가족들끼리 즐기고 있는데, 2016년에는 캠핑장에서 저녁시간을 보냈다. 캠프파이어를 준비하며 돼지고기와 전복을 숯불에 구워먹으면 그 어떤 맛집도 부럽지 않았다. 별이 빛나는 밤하늘 아래가 무대이고, 풀벌레 소리를 배경음악으로 삼아 캠프파이어하면서 술 한 잔 기울이면 세상 부러울 것이 없었다. 지금도 그날 밤을 친구네 가족 아이들은 흥분하며 이야기한다고 하니 참으로 뿌듯하다.

제주 캠핑의 천국인 모구리 야영장

우리 가족이 두 번째로 많이 간 캠핑장은 모구리 야영장이다. 집에서 다소 거리가 멀어 부담스럽기는 했지만 워낙 시설이 좋아 2박 3일 이상 일정으로 갈 때는 주로 모구리 야영장으로 다녔다. 모구리 야영장에 텐트를 설치하고, 낮에는 다른 곳에 여행을 다녀오고 저녁은 캠프파이어하면서 저녁시간을 캠핑장에서 보냈다. 지인들 초대도 계속되었다. 우

리의 세 번째 캠핑에서는 우리에게 텐트를 주신 분을 초대해서 감사를 전했다.

모구리 캠핑 중 가장 기억에 남는 것은 2015년 가을이다. 2박 3일의 일정 중 하루는 장모님께서 가고 싶어 하신 우도를 다녀왔다. 그리고 하루는 늦은 오후 시간에 다랑쉬오름을 올라 저녁노을을 보며 준비해간 아빠표 충무김밥으로 저녁식사를 했다. 그리고 우리는 밤의 다랑쉬오름에서 반딧불이와 함께 시간을 보냈다.

제주의 대표적인 캠핑장이 모구리 야영장으로 손꼽히는 이유는 여러 가지이다. 먼저 넓은 부지로 수용인원이 많다. 축구장, 단체팀을 위한 캠프파이어 장소, 체력단련장, 모구리오름 등 부대시설도 뛰어나다. 사용료도 저렴하고, 전기시설이 되어 있고, 따뜻한 물이 나오는 훌륭한 샤워실도 갖추고 있다. 근처 관광지가 많아 낮에 여행을 다녀올 수도 있다. 이런 이유들로 육지에서 오는 캠핑족이 가장 많이 찾는 곳이고, 장기 캠핑족도 많은 곳이 모구리 야영장이다.

여름에는 관음사 야영장이 최고
한라산 관음사 코스 시작 지점 주차장 옆에 있는 관음사 야영장은 주로 여름에 찾는 곳이다. 지대가 높아 시원하고, 집에서도 가까워서 접근성도 좋고, 잔디밭에서 아이들과 놀기도 좋다. 다만 전기시설이 안 되어 있고, 요리는 가능하지만 내가 가장 좋아하는 캠프파이어를 할 수 없다는 단점이 있다.

관음사 야영장이 무엇보다 좋은 것은 한라산 국립공원 안에 위치하기에 숲속에서 지낼 수 있다는 점이다. 그래서 계절에 따른 자연의 모습을 가장 체감할 수 있는 캠핑장이며, 관음사 코스를 따라 1시간 정도 산책하듯 트레킹을 다녀오면 매우 기분이 좋다. 그래서인지 여름에는 너무 많은 이들이 찾기에 자리가 없는 경우도 있다. 우리 역시 관음사 야영장에 갔다가 자리가 없어 다른 곳으로 발길을 돌린 적이 몇 번 있다.

사설 캠핑장도 좋았다.

　사용료가 2~3만 원으로 비싸서 처음에는 갈 생각이 없던 사설 캠핑장을 나중에는 종종 가게 되었다. 사설 캠핑장은 대부분 오토캠핑장이라 편했다. 텐트 치는 바로 옆에 주차를 하면 아빠가 아주 편하다. 다른 야영장에서는 주차장에서 텐트 치는 곳까지 리어카로 짐들을 옮겨야 했는데 이런 힘든 일을 안 해도 되기 때문이다.

　사설 캠핑장은 시설도 훌륭하다. 캠프파이어를 위한 장작까지 매점에 준비가 되어있고, 언제든지 매점에서 맛있는 것을 사먹을 수 있어 아이들이 좋아한다. 샤워시설도 훌륭하고 모기 등 벌레도 거의 없다. 여러 번 사설 캠핑장을 가보았는데 매번 아이들이 아주 좋아했었다.

겨울에는 카라반을 애용하다.

　사설 캠핑장보다 아이들이 더 좋아하는 곳은 카라반이다. 캠핑이지만 캠핑 같지 않은 카라반은 제주도 여기저기에 많다. 하룻밤에 10만 원 정도 하는 고가이지만 텐트를 칠 필요도 없고, 너무도 따뜻하게 밤을 보낼 수 있기에 주로 겨울에 종종 간다.

　카라반 안은 화장실부터 샤워시설까지 완벽하다. 침대도 있고, 넓은 거실에서도 취침이 가능하다. 저녁은 카라반 옆에 설치되어 있는 데크에서 요리해도 되고, 카라반 안에서도 가능하다. 특히 우리 아이들이 카라반을 좋아하는 이유는 넓게 잘 수 있기 때문이다. 잠을 잘 때 조금씩 움직이는 잠버릇이 있는 아이들은 비좁은 텐트보다는 침대와 거실이 있는 넓은 카라반을 더 좋아한다.

해수욕장 야영장도 여름에 좋다.
　겨울에 카라반을 이용한다면 여름에는 해수욕장 캠핑장을 이용한다. 낮에는 해수욕장에서 물놀이를 실컷 하고, 저녁에는 고기잡이배들로 멋진 야경이 연출되는 밤바다를 배경으로 저녁식사를 할 수 있기 때문이다.

　제주도의 해수욕장 중 캠핑이 가능한 곳이 많다. 제주시내와 10분 거리에 있는 이호해수욕장에는 넓은 캠핑장이 있고, 협재해수욕장과 금능해수욕장 사이에도 캠핑장이 넓다. 함덕해수욕장, 우도에 있는 하고수동해수욕장, 김녕해수욕장 등에서도 캠핑을 많이 하신다.

캠핑은 가족 간의 사랑을 키울 수 있는 최고의 기회이다.
　캠핑이 좋은 이유는 여러 가지인데 그중에서 가족 간의 사랑을 키울 수 있다는 점이 가장 좋다. 차에서 짐을 옮겨와서 아무것도 없는 맨땅에 텐트를 쳐서 집을 짓고, 지낼 공간을 하나씩 만들어가고, 요리를 하고, 또 마치고 짐을 정리하는 과정 속에서 아이들은 가족끼리 도와야 한다는 것도 배우고, 각자 맡은 소임을 하면서 사회생활도 미리 체험한다. 스스로 하는 기회를 많이 가지게 되어 자립심과 책임감을 키우는 데도 캠핑이 큰 도움이 된다.

　저녁에 직접 요리를 해서 저녁식사를 하고, 캠프파이어를 하면서 차 한 잔하며 대화를 하면서 마음속의 이야기를 나눌 수 있다. TV나 핸드폰 등 문명의 기기를 잠시 내려놓으면 대화의 분위기가 저절로 형성이 된다. 별이 빛나는 밤하늘 아래에서는 누구나 로맨티스트가 되는 것이다. 아이들과 한참을 이야기하고 아이들이 잠에 못 이겨 텐트로 들어가면 아내와 둘만의 시간을 보낸다. 타오르는 장작불을 보고 있으면 그동

안 쌓여있던 고민들이 무장해제 된다.

캠핑에서 지인들을 초대하다.
　가족과의 사랑이 깊어지는 캠핑이기도 하지만 지인들과 더욱더 친해질 수 있는 좋은 기회가 캠핑이다. 실제로 우리 가족은 다양한 지인들을 캠핑에 초대했는데 매번 만족스러웠다.

세 번째와 네 번째 캠핑에서는 우리 가족을 캠핑의 세계에 입문하게 도와주신 두 팀을 초대해서 감사를 전했다. 다섯 번째 캠핑에서는 서울에서 딸과 둘이서 내려온 친구와 저녁 늦은 시간까지 제주의 밤을 즐겼다.
　6번째 캠핑 때는 같이 근무하는 치과의사 부부를 초대했다. 그전에 그분들 집에 저녁식사 초대를 받아 갔었는데 이야기를 나누다보니 캠핑을 한 번도 안 해보셨다고 하셨다. 그래서 저녁식사 초대에 대한 답례로 우리가 한 달 후 캠핑장으로 초대를 했다. 캠핑장에 온 것도 처음이라고, 기분이 좋다고 하셔서 매우 뿌듯했다.
　7번째 캠핑 때는 제주올레 아카데미 총동문회의 회장님과 새로운 총무를 초대해서 저녁식사를 했다. 총무역할을 인수인계하는 자리이기도 했다. 인수인계를 마치고 나는 먼저 뻗어버리고 아내와 초대받은 세분끼리 늦은 시간까지 더 이야기를 나누기도 했다.
　8번째 캠핑에서는 동업을 계획 중이던 분의 가족을 초대했고, 11번째 캠핑때는 올레꾼 15분을 초대해서 저녁식사도 하고 회의도 했다. 그리고 2016년 여름에는 나의 고등학교 친구들 가족들과 잊지 못할 캠핑을 했다.

3. 제주의 음식 18

제주에는 맛집이 매우 많다. 신선한 재료 덕분인지 어느 식당에 가도 맛있다. 제주의 맛집을 소개하는 여러 책이나 자료에서도 공통된 식당은 몇 개 안되고 다들 다른 곳들을 맛집으로 소개할 정도이다. 그리고 음식은 언제 먹느냐, 누구랑 먹느냐, 어떤 상황에서 먹느냐에 따라 다양하게 느낄 수 있어 평가하는 것이 조심스럽다.

제주에는 1만 8천의 신이 있다고 한다. 그만큼 많다는 의미일 것이다. 내가 생각하기에는 제주의 맛집도 1만 8천 곳인 것 같다. 그만큼 맛집이 많다고 생각된다. 모든 식당을 다 가볼 수는 없는 노릇이라 내가 가본 곳 중에서 자신 있게 맛집이라고 말할 수 있는 곳을 소개하고자 한다.

그리고 육지에서는 접할 수 없는 또는 제주에서 유난히 맛있는 제주의 음식들을 이야기할까 한다.

1) 제주에서 최고의 음식은 바로 돼지고기

서울에서 오신 분들은 제주에서 주로 회를 찾으시지만 나는 제주도의 최고의 음식은 돼지고기라고 생각한다. 제주의 돼지고기는 그 자체가 맛있지만 같은 고기임에도 제주에서 먹으면 특별히 맛있다. 여행을 왔다는 기분이 들어서인지, 좋은 사람들과 즐겨서인지도 모르겠다. 아마도 산지에서 바로 먹기 때문인듯하다.

제주에서 돼지고기를 먹는 특별한 방법은 '근고기'로 즐기는 것이다. 고기를 두껍게 잘라서 초벌구이를 한 뒤 잘라가면서 마저 굽는다. 그리고 특별한 멸치액젓을 찍어서 먹는다. 신선한 돼지고기라서 더더욱 맛있다. 생각만 해도 침이 고인다. 제주에서는 돼지고기를 안 먹어본 사람은 있어도 한번만 먹어본 사람은 없다. 그만큼 맛있어서 즐긴다는 것이다.

돼지고기를 즐길 수 있는 많은 식당들이 있다. 흑돼지를 전문으로 취급한다는 식당도 많다. 하지만 7년간의 경험상은 흑돼지라고 특별히 더 맛있지는 않다고 생각한다. 괜히 비싸기만 해서 우리는 지인들이 꼭 흑돼지를 찾을 때가 아니면 백돼지를 먹는다. 그래도 너무 맛있다.

우리 가족이 자주 가는 곳은 늘봄, 돈사돈, 태백산, 포도원흑돼지 등이다. 주로 집 근처의 식당들이다.

늘봄은 직원만 200명이 넘는 거대한 돼지고기 전문점이다. 식당이 넓고 따로 먹을 수 있는 방이 많아서 손님을 접대하기도 좋아 가족단위 지인들과도 자주 가는 곳이다.

돈사돈은 연탄구이라서 특별한 맛이다. 덥고 비싸다는 단점은 있지만 시끌벅적한 분위기가 정겹다. 맛집으로 유명해서 육지에서 오신 지인들이 먼저 가자고 하는 곳이다.

태백산은 가족들과 자주 가는 곳이다. 여행객들도 많이 찾지만 도민들도 잘 가는 곳이다. 서비스도 좋아서 갈 때마다 기분이 좋아진다.

포도원흑돼지도 사람들이 많이 찾는 곳이다. 특히 우리집 아이들이 좋아하는 돼지고기 집으로 양념갈비를 좋아한다. 몇 번 갔더니 주인장과도 친해졌다.

2) 제주에서 고기국수를 드시지 않으면 반칙

돼지고기집도 많지만 고기국수집도 제주에 많다. 유명한 집들도 많고 도민들이 집 근처에서 즐기는 식당도 많다. 고기국수는 국수에 고기가 얹혀 나오는 음식이지만 국물이 끝내준다. 아무리 먹어도 지겹지 않는 매력적인 음식이다. 지인들에게도 꼭 권하는 음식이다.

제주민속박물관 근처에 국수거리가 있어 많은 고기국수집이 몰려있다. 삼대국수, 자매국수 등이 유명하다.

3) 제주음식 중 내가 꼽은 3위는 돔베고기

돔베는 '도마'라는 제주어이다. 도마에 돼지고기 수육이 나오는 것이 돔베고기이다. 고기국수집에서도 맛볼 수 있고, 제주향토음식점에서도 쉽게 즐길 수 있다.

가장 맛있는 돔베고기는 수육을 요리하자마자 나오는 것이다. 그래서 내가 가장 맛있게 먹은 돔베고기는 천짓골에서 먹은 것이다. 수육을 요리하자마자 바로 나왔는데 김이 모락모락 나오는 돔베고기는 최고의 맛이 된다.

4) 자리물회는 제주만의 특별한 음식

나는 이전에 MBN의 황금알이라는 프로그램에 출연한 적이 있다. 제주에서 왔다고 소개하는 나에게 제주에서 특별하고 맛있는 음식이 무엇이냐고 물었을 때 내가 대답한 것은 자리물회였다. 제주에서만 즐길 수 있는 음식이고 여름에는 최고의 음식이기 때문이다.

자리물회는 자리돔이라는 작은 물고기를 물회로 만든 음식이다. 뼈채로 먹어 씹는 맛이 특별하다. 생선을 싫어하시는 분들도 제피(초피의 제주어)를 넣어 드시면 부담 없이 즐길 수 있다.

자리물회를 먹기 위해 자주 들르는 곳은 유리네식당이다. 유리네식당은 대한민국 100대 식당으로 선정된 유명한 곳인데 자리물회 이외에도 모든 음식이 맛있다. 약간 비싸서 지인들을 대접할 때 주로 가고 가족들과는 다른 곳에서 자리물회를 즐긴다.

5) 제주해녀의 보물인 전복은 해녀의 집이 최고

제주의 바닷가를 여행하다보면 해녀의 집들이 참으로 많다. 그 지역의 해녀들이 해녀의 집을 운영하는 곳이 많기 때문이다. 해녀의 집에 가면 해녀들이 직접 수확한 신선한 해산물을 값싸게 즐길 수 있는데 특히 전복은 최고의 맛이다. 해녀 분들이 직접 잡아 신선하고, 해녀분들의 정성까지 담겨진 특별한 음식이기 때문이다.

시흥 해녀의 집과 도두 해녀의 집이 우리 가족이 즐겨 찾는 곳이다. 투박하지만 정이 묻어나는 해녀분들께서 직접 요리해주시는 전복죽은 최고의 영양식이다.

6) 회국수는 동복리

돼지국수와 함께 제주의 대표적인 국수요리인 회국수는 웬만한 곳에서 즐길 수 있는 제주음식이다. 하지만 우리 가족은 주로 동복리에서 회국수를 즐긴다. 유난히 맛있기 때문이다. 제주의 동북쪽을 여행하다가 점심으로 먹기도 편하다.

동복리해녀촌이 유명하지만 사람이 너무 많을 때는 그 근처에 있는 해녀식당에 가곤 한다. 맛은 둘 다 비슷하게 맛있기 때문이다. 바다를 바라보며 식사를 하기 때문에 육지에서 오신 지인분들은 바다에 취해 식사를 하신다.

7) 지인들이 가장 자주 찾는 음식은 회

육지에서 오신 지인분들 덕분에 횟집도 자주 간다. 특히 서울에서 오신 분들은 꼭 제주의 횟집을 가고 싶어 하신다. 제주의 회가 신선해서 다 맛있기는 하지만 고등어회와 갈치회와 방어회는 제주에서만 맛볼 수 있는 회이다. 처음에 고등어와 갈치를 회로 먹는다는 사실을 알고 나는 깜짝 놀랐었다. 신선하기 때문에 가능한 것이다. 방어도 제주에서 특별히 많이 잡히는 어종이라 비싸지 않은 가격으로 즐길 수 있다.

8) 우리 가족이 즐기는 한치물회

첫째인 딸이 가장 좋아하는 것은 한치물회이다. 나는 자리물회를 먹고 아이들은 한치물회를 즐기는 것이다. 제주의 밤바다를 밝히는 수많은 배들 중에 한치잡이배가 많은데 그래서인지 한치물회는 웬만한 바닷가 식당에서 쉽게 먹을 수 있다.

9) 아직도 신기하게 느껴지는 갈치국

갈치를 국으로 먹는다는 사실이 처음에는 믿겨지지 않았다. 호기심 반, 걱정 반으로 먹어본 갈치국은 참으로 맛있었다. 어떻게 해서 생선 특유의 비린내가 나지 않는지 아직도 신기하게 느껴진다. 아마 갈치가 신선하기 때문일 것이다. 갈치국으로 유명한 곳은 서귀포의 네거리 식당이다.

10) 닭백숙은 교래리

교래리는 닭요리 특화지역이다. 다양한 닭요리를 코스로 저렴하게 즐길 수 있다. 처음에는 닭 샤브샤브가 나오는데 사리를 추가하면 더 맛있다. 그다음은 닭백숙이고 마지막으로 녹두죽이 나온다. 일품요리임에도 가격은 착해서 지인들과 종종 찾는다. 성미가든이 교래리에서 가장 유명하다.

11) 해장국 천국인 제주

처음에 제주에 와서 놀랬던 것은 해장국집이 너무 많다는 것이었다. 진짜로 해장국집이 엄청 많다. 분명 요즘도 계속 생기고 있을 것이다. 제주로 여행 와서 밤늦게까지 유흥을 즐기는 분들이 많아 그런 집을 찾는 사람도 늘어났는데 지금이라고 해서 크게 달라진 것은 없을 것이다. 물론 제주분들도 술을 많이 드시는 편이다. 해장국집은 사람마다 좋아하는 곳이 다른데 나는 미풍해장국, 모이세해장국을 즐겨 찾는다.

12) 진짜 성게알이 풍성한 성게국

신선한 성게 덕분인지 제주에서 먹는 성게국이 유난히 맛있다고들 하신다. 나는 그다지 특별한지를 모르겠는데 맛있다고 하시는 분이 참으로 많으시다. 성게국은 웬만한 향토음식점에서 쉽게 접할 수 있다.

13) 제주만의 특별한 보말칼국수

보말은 제주도 사투리로 고둥을 말한다. 바다 향기가 물씬 풍기는 보말칼국수를 먹으면 제주바다를 온몸으로 즐기는 것 같다. 해물칼국수도 맛있고, 꿩메밀 칼국수도 특별하지만 보말칼국수는 더욱 특별하다.

14) 특별한 제주의 선물인 오메기떡

최근 제주공항에서 오메기떡을 들고 계신 분들을 쉽게 만날 수 있다. 예전에는 감귤이 대표적인 제주의 선물이었지만 요즘은 오메기떡으로 대체되고 있기 때문이다. 팥을 싫어하시는 분이 아니라면 오메기떡을 다들 좋아하신다. TV 등에 소개된 이후에는 더 많은 사람들이 찾고 있어 점점 오메기떡 전문점이 늘어나고 있다.

15) 제주의 특별한 간식은 보리빵과 쑥찐빵

쌀보다 보리가 더 흔한 제주라서 그런지 보리빵이 유명하다. 실제로 맛있기도 하다. 팥이 들어있는 것도 맛있고, 팥이 없는 것도 맛있다. 하지만 보리빵보다 우리 가족이 더 좋아하는 것은 쑥찐빵이다. 아직은 그리 유명하지는 않지만 한라산쑥찐빵은 보통 찐빵보다 더 맛있어 우리 가족이 선물용으로도 자주 애용한다.

16) 한라산모양을 닮은 한라산빙수

그냥 빙수가 아니고 한라산빙수이다. 우유를 갈아서 만든 빙수라서 맛도 좋지만 화산 폭발하는 한라산을 연상케 하는 퍼포먼스가 더 흥미롭다. 입에 넣으면 사르르 녹아 아이들도 좋아한다.

17) 제주에서 후식은 아이스크림

내가 꼽는 제주의 3대 아이스크림은 우도땅콩 아이스크림, 오설록 녹차아이스크림, 다희연 녹차아이스크림이다. 모두 그 장소에서 먹는 것이 훨씬 더 맛있다. 우도와 오설록과 다희연의 분위기를 음미하면서 먹으면 더 맛있기 때문이다. 가족들이 더 좋아해서 그곳을 들르면 꼭 먹게 된다.

18) 우리 가족이 가장 좋아하는 올레스테이 식당

우리 가족이 제주에서 가장 좋아하고 맛있어하는 식당은 서귀포에 있는 올레스테이 식당(제주올레 사무국이 있는 1층 식당)이다. 제주올레를 좋아하는 아빠 덕분에 자주 가서 먹었기 때문일 것이다. 얼마 전 제주로 가족여행을 갔을 때도 하루는 올레스테이에서 숙박을 하면서 1층에서 맛있는 식사를 하였다.

4. 육지것이 본 제주만의 문화

　제주를 외국이라고 말하는 사람들이 있다. 몇 년 전에 MBN의 '황금알'이라는 프로그램에 출연했더니 한 패널이 제주에서 왔다고 소개한 나에게 외국에서 왔다고 인사한 적이 있다. 그 분 농담처럼 제주는 외국은 아니지만 어떨 때는 육지와는 너무 다르다고 느껴질 때가 있다. 제주의 이국적인 풍광을 볼 때도 그러하지만 육지와는 너무 다른 문화를 접할 때 더욱 그러하다.

　그런데 그런 제주만의 독특한 모습들이 육지보다 오히려 더 좋다고 생각될 때가 많다. 아직까지 공동체의식이 남아있고, 전통을 소중히 여기는 문화가 많기 때문이다. 처음에 제주에 왔을 때는 낯설었지만 이제는 익숙해져버린 사랑스러운 제주문화이다.

1) 첫 번째 문화적 충격은 부조문화

　7년 동안 많은 결혼식장과 장례식장에 참석을 했다. 7년 동안 다닌 직장의 동료들과 친해질 수 있는 좋은 계기라고 생각해서였다. 가장 처음으로 결혼식장에 갔을 때를 지금도 잊을 수가 없다. 축의금을 받는 사람이 없었기 때문이다. 육지에서는 대부분 결혼식장의 입구에 축의금을 받는 사람이 있는데 제주에는 아무리 찾아도 그 사람들이 없는 것이었다. 가장 처음으로 장례식장에 갔을 때도 비슷한 경험을 했다. 나는 조의를 표하고 조의금을 조의금 함에 넣었는데 다른 분들은 아무도 넣지 않고 나만 넣는 것이었다. 알고 보니 제주사람들은 조의금 함에 부조하지 않고 직접 아시는 분에게 주는 것이었다.

나중에 그렇게 하는 이유를 들으면서 더 놀라운 사실을 알게 되었다. 제주에서는 직접 당사자에게 부조를 하는데 참석한 행사에 아는 사람이 여러 명이면 각각 그 사람들에게 부조를 한다는 것이다. 신랑도 알고, 신랑아버지와도 아는 사이라면 부조를 2번 한다는 것이다. 만약 돌아가신 분의 자녀들과 모두 알고 지내는 사이라면 그 자녀들 모두에게 각각 부조를 하는 것이다. 어떤 분은 한번 장례식장에 방문할 때 많을 때는 7개의 부조금을 준비한다고 했다. 어찌 보면 과하다 싶을 정도이지만 따지고 보면 참으로 합리적인 제도이다. 그리고 그 바탕에는 독립적인 개체로 인정하는 문화가 숨어있다. 한 가정을 각각의 독립적인 존재로 존중해준다는 것이다.

그리고 결혼식과 장례식을 하는 기간도 육지보다는 상당히 길다.
최근에는 결혼식을 하루만 하는 경우도 많지만 2~3일 동안 하는 풍습이 여전히 많이 남아있다. 결혼식 전에 가문잔치라고 해서 가까운 친척이나 친구들을 초대해서 따로 잔치를 하는 것이다. 결혼식 당일도 결혼피로연을 하루 종일 한다.
장례식도 최근에는 3일장으로 하는 경우가 많아졌지만 5일장이나 7일장으로 하시는 분들도 많으시다. 그리고 가족이나 친척이 아닌 지인들은 '일포'라고 불리는 출상 하루 전에만 장례식장에 방문할 수 있는 것도 특이한 문화이다.

심지어 돌잔치도 하루 종일이다. 2~3시간 만에 마치는 육지와는 너무나 다르다. 그래서 하루에도 여러 곳의 돌잔치나 결혼식이나 장례식장에 다닐 수 있다. 어떤 분은 하루에도 4~5곳의 행사에 참석하신다.

답례문화도 특이하다. 처음으로 참석한 장례식장에서 답례로 쌀을 받고 무척이나 신기해했다. 육지에서는 결혼식장 피로연에 참석 못한 분들에게 빵이나 상품권으로 인사를 하는 경우가 있는데 제주는 결혼식장이나 장례식장이나 돌잔치에 부조를 하면 식사는 물론이고 답례품을 항상 챙겨주신다. 장례식장에서 5명에게 부조를 했다면 답례품을 5개를 받는다. 더 재미있는 건 그 5개의 답례품이 각기 다른 경우가 많다. 각자 답례품을 다르게 준비하는 것이다.

2) 이름도 낯선 괸당문화

제주로 이사오기 전 뉴스에서 '괸당문화'라는 단어를 들은 적이 있었다. 도지사 선거 때 다른 지역은 지역마다 우세한 당의 후보가 당선이 되는데 제주는 무소속이 당선된 이유로 괸당문화를 언급했기 때문이다. 그때는 그러려니 했는데 제주에 7년 살아보니 괸당문화는 엄청난 파급력이 있는 강력한 제주만의 문화였다.

'괸당'이라는 말은 제주도 방언으로 친척이라는 뜻이다. 좀 더 넓게 해석하면 혈연관계처럼 친한 사이라는 뜻이다. 회식을 해도 아는 사람 식당에서 하고, 물건을 사도 아는 사람의 가게에서 산다. 그리고 웬만한 사람이 다 친척이다. 심지어 모든 사람을 '삼춘(삼촌)'이라고 부른다. 식당에서 일하시는 분을 부를 때도 삼촌이고, 동네사람을 부를 때도 삼촌이다.

문제는 그 괸당에 속하지 않는 사람들이 느끼는 소외감이다. 괸당에 속하지 않는 사람은 제주에서 외롭다. 어울릴 수 있는 기회가 적기 때문이다. 육지 사람들이 제주에 이주를 와서 처음에 느끼는 텃세나 배척감은 괸당문화 탓이 클 것이다.

하지만 이 괸당문화가 무조건 나쁜 것은 아니다. 제주사람들은 이 문화 덕분에 서로 단합하고 서로 돕는다. 폐쇄적이라고 비판을 받지만 척박한 제주의 자연에서 살아남기 위해 제주분들이 선택한 어쩔 수 없는 방법이었는지도 모른다. 그리고 제주에 이주해온 사람들이 그 괸당문화에 들어간다면 제주에 빠르게 정착할 수 있다. 마음을 열고 다가가는 사람들에게 제주사람들은 언제든 반갑게 그들의 괸당으로 받아주기 때문이다.

3) 제주에서 외롭지 않은 이유는 공동체문화
내가 제주에 7년 동안 살면서 가장 훌륭하다고 생각하는 제주문화는 공동체문화이다. 제주는 아직도 공동체정신이 많이 남아있다. 점점 각박해지고 개인주의화되는 육지와 비교해서 제주는 사람 사는 맛이 느껴지는 행복한 곳이다.

제주에서는 이웃사촌이라는 말을 실감한다. 앞집과 옆집과 윗집과 아랫집 사람들과 친하게 지낸다. 아이가 세 명이고 아들이 두 명인 우리 집의 층간소음문제도 다행히 '정'으로 해결되었다. 음식을 하면 이웃사촌과 나눠 먹기 위해 넉넉히 한다. 귤을 수확하고 감을 수확하면 우리 집에도 나눠주신다. 이웃집 자녀의 결혼식에도 아파트 주민들과 함께 간다. 아파트 청소도 날짜를 정해서 함께 하고, 아파트 마당에 있는 매실나무도 날짜를 정해 같은 날 수확해서 나눈다.

제주에 도둑과 대문과 거지가 없다는 것도 이러한 공동체문화 때문일 것이다. 서로 한 가족처럼 지내기에 상부상조하며 서로 도우면서 협동하기에 도둑이 없고, 거지가 없고 당연히 대문이 없는 것이다.

일을 할 때도 공동체문화가 많은 도움이 된다. 귤을 수확하거나 농작물을 수확할 때도 제주 분들은 함께한다. 결혼식이나 장례식일 때도 온 동네 사람들과 함께하고, 심지어 집안 제사 때도 먼 친척이나 가까운 친구들까지도 불러서 함께한다.

하지만 이러한 공동체문화는 한 가지 안 좋은 점도 있다. 그것은 술자리가 너무 많다는 것이다. 결혼식과 장례식장 등 웬만한 행사들에 다 참석을 해야 하고 친목도모 자리도 많기 때문에 술자리가 많다. 그래서인지 제주의 술 소비량이 인구 1인당 전국에서 최고이고, 과음을 하는 사람들도 최고로 많다. 그래서인지 간암발병률도 높다.

4) 서로를 배려하고 존중하는 문화

공동체문화와 더불어 제주의 장점은 서로를 배려하고 존중하는 문화이다. 가족이라도 서로를 독립된 인격체로 존중한다. 부조를 할 때도 한 집안으로 하지 않고 따로따로 개인적으로 한다. 심지어 결혼한 자녀들과도 한 울타리 안에서 따로 산다.

현대 가족문제의 해결책으로 생각되는 '안거리 밖거리'는 대한민국 사회가 벤치마킹해야 할 제도라고 생각한다. 장성한 자녀의 가정에 안채를 내어주고 바깥채에서 부모는 따로 지낸다. 그리고 식사도 본인들이 각자 해결한다. 그렇다고 완전히 남남처럼 지내는 것은 아니다. 함께 살지는 않지만 한 울타리 안에서 교류하면서 지내는 것이다. 그래서인지 고부간의 갈등은 제주에서 그리 심하지 않은 편이다. 독거노인문제도 적은 편이다. 안거리 밖거리는 자녀와 부모가 서로 배려하고 존중하면서 살아가는 이상적인 제도인듯하다.

또한 제주는 여성존중 사회이다. 경상도와 전라도와 경기도에서 살아봤지만 제주도만큼 여성이 남성과 동등한 곳은 없었다. 그만큼 여성의 의견을 존중하고 중요하게 생각한다는 것이다. 여성도 생활력이 무척이나 강하고, 자기주도적인 삶을 살아간다.

노령인구에 대한 배려도 제주는 뛰어나다. 노인을 공경하는 지역문화를 여러 곳에서 느낄 수 있다. 한 예로 제주민속오일장에 가면 특별한 구역이 있다. 제주 할망(제주에서는 할머니를 할망이라고 부른다.)들이 집에서 키운 채소 등을 가져와서 판매하는 곳이다. 점포세가 없고 누구든 이용할 수 있는 시장이다. 연세가 많으시지만 여전히 경제활동을 하면서 자신만의 삶을 살고 계신 것이다.

5) 영원히 보존해야 할 제주어

제주가 외국이라고 가장 심하게 착각할 때는 제주어를 쓰시는 제주분들을 만날 때이다. 병원에서 진료를 하는 나의 직업상 제주분들을 만날 때가 많은데 시골에서 오신 어르신들을 진찰할 때는 제주 사투리를 해석하지 못해 간호사의 통역이 필요할 정도이다. 재래시장에서도 제주 사투리의 위력을 실감한다. 내가 살 때는 5,000원이었던 가격이 제주어를 어설프지만 구사하는 아내가 살 때는 가격이 더 싸다.

육지에서 온 사람들과의 의사소통에는 약간의 장애가 있지만 제주어는 반드시 보존해야 할 소중한 제주의 유산이다. 아니, 영원히 보존해야 할 우리나라의 소중한 유산이다. 다행히 지혜로운 제주도민께서는 제주어를 보존하기 위해 많은 노력들을 하고 계신다.

내가 가장 좋아하는 제주어는 '폭삭 속았수다.'이다. '무척이나 많이 삭았다.'는 뜻이 아니고 '무척 수고했다.'는 뜻이다. 처음에는 오해를 했는데 뜻을 알고 한참이나 웃었다. '요망지다.'라는 단어도 정감 있다. '똑똑하고 딱 부러지는 스타일'을 말하는 것으로, 제주 여성분들 중 요망진 분들이 참으로 많다. '간세'도 제주어인데 제주올레의 말 모양 표식을 간세라고 부른다. 게으른 사람의 걸음처럼 천천히 제주올레길을 즐기라는 뜻이다.

6) 제주의 자랑인 해녀문화

제주문화의 장점이라고 생각되는 공동체문화와 서로를 배려하고 존중하는 문화는 어찌 보면 해녀문화의 영향도 있을 것이다. 척박한 제주바다에서 살아남기 위해 그리고 바람이 무척이나 강한 제주바다에서 해산물을 수확하기 위해 해녀들은 하나로 뭉쳐야 했다. 서로가 정한 규칙을 준수하고 상부상조해야했다.

몸이 아파 바다에 나가지 못한 해녀의 몫까지 해녀들은 챙겨준다. 얕은 지역의 바다를 나이가 있으신 해녀를 위한 바당(바다의 제주어)으로 지정하여 깊은 바다에 나가지 못하는 나이 드신 해녀를 배려한다. 특별한 날을 정해서 해녀들은 공동으로 해초를 수확하는 작업을 하는데 이는 공동의 자산을 공동으로 이용하기 위함이다.

생활력이 강한 제주여성의 힘도 해녀문화에서 나왔을 것이다. 바다에 나가지 못할 때 제주여성들은 밭일을 하신다. 물질을 하다가도 잠시 나와서 아이의 젖을 물린다. 바람이 심해 바다에 나가지 못하는 날에도 해녀분들은 쉬지 않고 다른 일을 하신다. 남성에 의존하지 않고 웬만한 집안일은 모두 여성의 몫이다.

7) 아직도 남아있는 전통신앙문화

제주는 아직 전통신앙문화가 많이 남아있다. 전통신앙문화가 모두 좋다고 생각되지는 않지만 생활 깊숙이 뿌리내린 제주만의 문화이다. 육지에서 이주해 오신 분들은 익숙해지는 데 시간이 다소 걸리는 부분이다.

제주에는 '신구간'이라는 것이 있다. 대한과 입춘 사이의 시기로 1월 말부터 1주일 정도의 기간을 말한다. 이때는 집에 있는 신들이 하늘로 올라가는 시기로 이사도 가능하고 집안공사도 가능하다. 그래서 제주도는 이 시기에 주로 이사를 많이 한다. 집을 구하려고 해도 이 시기를 놓

치면 전세나 월세를 구하기 힘들다. 전자매장에서도 이 시기에는 신구간 세일을 파격적으로 한다.

또한 제주의 시골에는 '당문화'도 많이 남아있다. 본향당, 해신당, 산신당, 여드레당 등 육지 사람들이 미신이라고 하는 믿는 신을 모신 공간이 약 400여 개가 아직도 남아있다. 하지만 이러한 당문화는 소중한 우리의 문화유산이다. 한 예로 '제주 칠머리당 영등굿'도 세계무형문화유산으로 지정되었다.

또한 뱀 숭배 사상도 남아있는 지역이 있다. 옛날에는 귀한 곡식을 먹는 쥐를 잡아먹는 뱀을 소중히 여겼다. 그래서 뱀을 부를 가져다주는 존재로 여기기도 했다. 아직도 일부 지역에서는 뱀을 잡으면 놓아주고, 뱀을 잡다가 마을사람들에게 들키면 혼나기도 한다.

별
책
부
록

I. 제주에서의 7년간의 기록

1. 2011년, 제주에 입도하다.

2011년 9월 19일 제주생활 시작

  2011년 9월 19일은 내가 제주에 입도한 날이다. 그리고 2011년 12월 25일은 우리 가족이 제주로 입도한 날이다. 셋째가 태어난 지 얼마 되지 않아 나만 먼저 제주로 내려와 3개월간 혼자 지냈다. 물론 주말에는 대부분 부산으로 가서 가족과 함께 시간을 보냈지만 중간중간에 제주를 혼자 만끽하는 기회도 가졌다.

  9월은 적응하는 데 바쁜 시간이었다. 집을 구하고, 새로운 직장에 출근을 하고, 직원들과 만남의 저녁 식사 자리를 여러 번 가졌다.
  10월이 들어서야 제주여행을 다닐 수 있었다. 처음 간 곳은 한라산 백록담이다. 산을 좋아하는 나였기에 망설임 없이 한라산을 선택했다. 그리고 다음은 제주올레 7코스 걷기였다. 하도 유명하다기에 나도 한번 가보자는 식이었다. 그런데 이 한 번의 경험은 나의 제주에서의 삶을 바꿔놓았다. 아주 매력적인 제주올레길에 완전히 빠져든 것이다. 그래서 그 이후 시간될 때마다 제주올레길을 걸었다.

제주올레의 매력에 빠져들다.

  제주에 내려오기 전 나는 제주올레라는 존재 자체를 몰랐다. 그때 당시는 제주올레가 이슈화가 되기 시작한 지 얼마 되지 않았기 때문이다. 하지만 한번 경험해 보니 참으로 매력적인 제주올레길이었다. 호기심이

들어 한번 걷고 난 후 완전히 빠져들 정도였다.

제주에 내려오고 첫 3개월 동안 대부분의 주말에는 주로 부산으로 가서 가족들과 함께 시간을 보냈다. 3개월 동안 10번이나 부산에 갔으니 말이다. 간혹 부산에 가지 않는 주말이나 공휴일에는 주로 제주올레길을 걸었다. 10월 2일 7코스를 시작으로, 11월에는 4번이나 올레길을 걸었고, 12월에는 3번의 기회가 있었다.

어찌 보면 혼자 제주에서 지내는 시간 동안 나를 위로해준 존재가 제주올레길이었는지 모른다. 결혼하고 7년 만에 처음으로 찾아온 혼자만의 시간을 행복하게 만들어준 제주올레길이 감사하다. 걸으며 생각하고, 걸으며 제주를 알게 되고, 걸으며 앞으로의 삶을 계획할 수 있게 해준 제주올레길에 정말 감사드린다.

2. 2012년, 가족들과 제주에서의 첫해

2012년 가족들이 제주로 이사를 오다.

셋째가 태어난 지 100일이 지나서 드디어 가족들이 제주로 이사를 왔다. 혼자 제주에 내려와 일하며 제주에서 지낸 지 거의 3개월 만이었다. 아직은 막내가 어려서 많이 돌아다니지는 못했지만 주말을 이용하여 가족들과 함께 제주를 49회나 즐겼다. 제주에서 떠나는 제주여행은 정말이지 좋았다. 제주의 자연을 아이들과 함께 누리는 우리 가족은 행복했다.

2012년에 그동안 내가 제주에서 하고 싶었던, 꿈꿔왔던 것들을 많이 했다. 가족들과 제주여행을 49회 다녀왔고, 제주올레길 26개 코스를 완주했고, 5개월간 오름을 다녀서 100개 이상 오름을 섭렵했다. 한라수목원 산책도 자주 갔었고, 제주에 관련된 책도 14권 정도 읽었다.

제주 이주 첫해 우리 가족이 찾아간 제주의 멋진 곳들

제주로 오기 전의 생활은 전형적인 외과의사의 삶이었다. 거의 매일 수술하고, 자주 응급 당직을 서야 했기에 멀리 여행을 가는 것은 쉽지 않았다. 외과 전문의를 수료하고 공중보건의 3년을 보내고, 국립암센터에서 전임의를 수료하고 부산의 대장항문 전문병원에서 1년 6개월을 근무했다. 그러한 시간 동안 가족들과의 여유 있는 여행은 그림의 떡이었다. 하지만 제주에서는 달랐다.

출근을 다른 곳보다 1시간 빨리 했지만 퇴근도 1시간 빨랐다. 덕분에 5시에 퇴근하면 가족과 저녁시간을 함께했다. 아이 셋을 아내 혼자서 키우기란 쉽지 않은 일이었기에 많이 도와주려고 노력했다. 그리고 주말에는 가급적 가까운 제주의 자연으로 함께 놀러갔다. 이전과는 완전 다른 삶이었다.

2012년 초반에는 이제 막 100일이 지난 셋째를 고려해서 무리하지 않았다. 제주도립미술관, 산방온천, 오설록, 테지움, 도깨비공원, 들불축제, 김영갑갤러리, 탐라도서관 등 주로 실내 관광지 위주로 다녔다.

조금 따뜻해지기 시작한 3월부터 제주올레 1코스, 에코랜드, 제주벚꽃축제, 우도, 협재해수욕장, 한라수목원, 유리박물관, 가파도 청보리축제, 금산공원, 이호해수욕장 등 주말마다 제주여행을 시작했다.

6월에는 초등학교 1학년이 된 첫째의 반모임을 절물자연휴양림에서 했는데 아빠까지 가족 전체가 참석했다. 나에게는 의미 있는 날이었다. 결혼기념일에는 아내와 둘이서만 새별오름에 갔다. 그리고 화순해수욕장, 표선해수욕장, 아프리카박물관, 휴애리자연농원, 에코랜드, 산굼부리, 한라도서관에 가족 모두가 함께 갔다.

7월에는 셋째의 돌 기념으로 장인장모님과 처제까지 해서 제주여행을 떠났다. 어승생악, 마라도, 곽지과물해수욕장을 다녀왔고, 그 이후 오설록, 남송이오름, 거문오름 트레킹 대회도 참석했다. 그리고 7월에 가족과 함께 여수 엑스포도 다녀왔다. 정말 오래간만에 떠나는 4박 5일

가족여행이었다.

    그리고 8월에는 첫째의 학교친구 모임을 레포츠공원에서 했고, 절물자연휴양림에 또 갔다. 9월에는 지인이 제주로 오셔서 김녕미로공원, 비자림, 월정리해변을 함께 즐겼다. 돌문화공원, 화순곶자왈도 다녀왔고, 캠핑도 두 번이나 초대를 받아 제주 캠핑을 처음으로 맛봤다.

    제주의 가을여행도 참으로 좋았다. 교래자연휴양림에서 숲해설사와 같이 곶자왈을 걸었고, 장모님과 둘이서 사라오름도 다녀왔다. 가족과 함께하는 동백동산, 협재해수욕장, 삼양검은모래해수욕장, 공룡랜드, 한라산 석굴암, 요트 타기, 월령선인장마을도 좋았다.

    제주의 겨울도 아름다웠다. 세계자연유산센터, 에코랜드, 하도리 철새도래지, 애월한담산책로, 하가리연꽃, 제주자연사박물관, 감귤따기 체험, 제주올레 21코스 개장식, 제주도립미술관, 부림온천 찜질방, 제주박물관, 별도봉, 사라봉, 4·3평화공원, 눈썰매 등을 다녔다. 제주는 겨울에도 참으로 갈 곳이 많았다.

제주올레 26개 코스 완주 그리고 제주올레 아카데미

    제주에 내려와 2011년 10월 1일 한라산 백록담을 가장 먼저 다녀오고 난 후, 10월 2일 내가 제주에서 두 번째로 선택한 곳이 제주올레 7코스였다. 그리고 2011년 11월부터 제주올레길을 걷기 시작했다. 제주에 온 3개월간은 제주에서 혼자 지냈는데 2주에 한 번 부산에 가족을 보러 가고, 나머지 시간은 제주에서 지냈기에 여유 있게 혼자만의 시간을 보낼 수 있었다.

제주올레길은 혼자만의 시간을 보내기에 안성맞춤이었다. 한 코스를 6~7시간 동안 걷는데, 걷기만 할 뿐인데 힐링받는 기분이었다. 오랫동안 걷기만 하면 많은 생각을 하게 된다. 지난 시간들, 그리고 앞으로의 시간들을 생각하면서 반성하고 계획하였다.

제주올레 26개 코스를 한 개씩 걷다보니 2012년 5월에, 제주올레를 시작하고 6개월 만에 완주할 수 있었다. 시간을 낼 수 있는 거의 대부분의 주말마다 걸었기에 가능한 일이었다.

덕분에 제주를 걸어서 한 바퀴 돌았다. 걸어서 다니면 이전과는 다른 것이 보였다. 차를 타고 군데군데 점찍듯 제주를 즐기면 보이지 않는 것들이 많았다. 걸으면 제주사람들의 삶이 보였고, 제주 자연이 말을 걸어왔다. 제주올레 첫 번째 완주는 거의 혼자였기에 명상하며 사색하기에도 참으로 좋았다.

제주올레를 완주하고 한동안 제주의 오름을 다녔다. 그리고 2012년 10월 제주올레 아카데미를 수료했다. 사단법인 제주올레에서 진행하는 교육프로그램으로 제주올레 아카데미를 15기로 수료했는데, 이것은 나의 제주에서의 삶의 역사를 바꾸는 일대 사건이었다.

제주올레 아카데미 15기의 총무역할을 1년간 하면서 제주 사람들과 더 친해졌고, 제주 정착에 큰 도움을 받았다. 제주올레길을 좋아하시는 분들은 참으로 좋으신 분들이 많았다. 인생의 지혜를 배울 수 있는 기회가 많았고, 클린올레와 제주올레 걷기축제 등의 행사를 참여하면서 사람들과 함께 제주올레를 즐기는 법도 배웠다.

제주올레 다음은 오름

2012년 5월 제주올레길을 완주하고 그 다음으로 선택한 것이 오름이다. 제주올레길을 걷다 보면 20여 개의 오름을 접하게 되는데 그 느낌이 너무 좋았다. 그리고 진짜 좋은 오름은 제주 중산간에 많다고 했다. 그렇게 시작한 오름 투어로 120여 개의 오름을 올랐다.

오름은 소화산체를 말하는데, 육지로 치면 작은 동산이다. 뒷동산에 오르듯 15분 정도면 정상에 도달할 수 있는 오름이 많다. 3분 만에 오를 수 있는 곳도 있고, 1시간 정도 소요되는 곳도 있지만 대부분의 오름은 쉽게 오를 수 있는 것이다. 하지만 짧은 고생에 비해 정상에서 느끼는 쾌감은 엄청나다. 제주를 몇 번 방문한 적이 있는 지인들이 오시면 항상 오름에 모시고 가는데 그분들도 한결같이 최고라고 평가하실 정도이다.

내가 가장 먼저 간 곳은 용눈이오름과 다랑쉬오름, 아끈다랑쉬오름이다. 용눈이오름은 사진작가 김영갑씨가 반한 곳으로 사진 찍기도 좋지만 풍광도 참으로 좋다. 멀리 성산일출봉도 보이는 등 전망도 좋아서 아침 일출 장소로도 좋은 곳이다. 다랑쉬오름은 용눈이오름 근처에 있는 곳으로 동부지역 오름의 대표적인 랜드마크이다.

그리고 6월부터 4개월간 오름 투어에 올인했다. 주중에는 가정에 올인했고, 주말에는 오름을 즐겼다. 주로 새벽시간대를 이용했다. 새벽 4시에 집에서 출발하여 동이 틀 때를 기다렸다가 길이 보이기 시작하는 5시경부터 2~3개의 오름을 연달아 걸은 적이 많다. 그래야 점심 때쯤이면 집으로 돌아와 아이들과 놀 수 있기 때문이다.

가장 좋았던 오름은 따라비오름이다. 가시리에 있어 교통편이 불편하지만 독특한 오름의 형태와 탁 트인 풍광으로 난 이곳을 오름의 최고로 꼽는다. 3분 만에 정상에 도달하는 아부오름도 인상적이고, 태고의 느낌을 간직한 동검은이오름도 좋았다. 차로 정상까지 갈 수 있는 금오름도 자주 갔었고, 서귀포 서쪽이 한눈에 들어오는 군산오름도 편하게 갈 수 있다. 큰사슴이오름도 자주 간 오름 중 하나이고, 노루오름도 자주 갔다. 체오름에서의 노루 울음소리도 잊을 수가 없고, 지미봉 정상에서의 전망은 아직도 머릿속에 생생하다. 조근대비악의 억세는 일품이며, 숨은물뱅듸를 찾아갈 때는 탐험가가 된 기분이었다.

그렇게 120여 개의 오름을 맛있는 곶감 빼먹듯 맛있게 즐기고 난 후 난 더 이상 다른 오름은 가지 않았다. 368개의 오름이 제주에 있지만 사람들이 자주 찾아가는 곳들을 제외하고는 길 정비가 잘 안 되어 있었기 때문이다. 그리고 외진 곳을 혼자 다니는 것이 안전상의 문제가 있다고 판단했기 때문이다.

3. 2013년, 제주에서의 가족들과 2년째 삶

제주를 더 알아가다.

2013년은 제주에 자리를 잡아가면서 더 많은 경험과 취미생활, 그리고 앞으로의 삶에 대한 준비한 시기였다. 특히 2013년에는 책 100권 읽기를 목표로 삼고 실천했다.

또한 2013년은 건강을 위한 노력을 많이 한 해이다. 새벽시간이나 점심시간에 근처에 위치한 한라수목원을 다니기 시작했다. '1년에 100번 한라수목원 1시간 걷기'를 목표로 꾸준히 실천했고 목표를 달성했다.

그리고 체중감량도 1년간 10kg에 성공했다. 줄넘기도 많이 하고 식단조절에 신경 쓴 것이 성공비결이다. 취미로 국악 아카데미도 다니고, 테니스도 열심히 했다. 여전히 한라산 등반도 자주 갔었고(10번), 숲길도 자주 걸었다. 물론 가족여행도 많이 다녔다.

가족들과 지인들과의 제주여행

2013년에는 우리 가족이 제주로 이사를 갔다는 사실을 알고 있는 많은 지인들께서 제주에 여행을 많이 오셨다. 반갑기 그지없었고, 함께 제주여행을 즐겨 좋았다. 덕분에 우리 가족도 제주여행을 더 많이 하게 되었다. 2013년 동안 총 11팀의 지인들께서 제주로 오셨다. 그리고 우리 가족은 2013년에 총 42회 제주여행을 했다.

　뉴질랜드에 사는 누나가 조카들과 제주여행을 온 것은 5월이다. 조카들은 제주 방문이 처음이라 대표적인 관광지부터 시작했다. 용두암, 송악산, 마라도 잠수함, 세계자연유산센터, 성산일출봉, 하도리 해수욕장까지. 그리고 가장 기억에 남는 것은 조카들과 한라산 백록담에 오른 것이다. 조카들이 초등학교 2학년과 3학년이라 다소 걱정을 했지만 다들 거뜬히 성공했다. 5살인 둘째 아들까지 얼떨결에 같이 백록담에 올랐다. 지금도 조카들은 한라산 백록담 등반에 성공한 것을 한국에서 가장 기억에 남는 장면으로 꼽는다.

7월에는 가장 친한 친구들이 아이들을 데리고 제주에 내려왔다. 고등학교 때 친구들로 지금까지 30년 넘는 절친이다. 친구의 자녀들이 어려서 여행코스 선정에 한계는 있었지만 제주의 하이라이트를 즐겼다. 월정리해변, 비자림, 삼양검은모래해변, 거문오름, 차귀도 낚시, 협재해수욕장, 한담산책로, 이호해수욕장 캠핑, 승마체험을 했다.

8월에는 내가 가장 좋아하는 선배가 가족여행을 왔다. 메이즈랜드, 만장굴, 절물자연휴양림, 별빛누리공원, 거문오름 트레킹, 세계자연유산센터, 다희연, 성산일출봉 등을 함께했다. 그들이 가고 싶은 곳에 내가 추천하는 몇 곳을 더한 스케줄이었는데 다들 만족해했다.

10월에는 셋째를 출산하고 산후조리를 위해 뉴질랜드에 사는 여동생이 막내를 데리고 제주로 왔다. 출산 후라 많이 돌아다니지만 못했지만 방주교회, 마라도 잠수함, 금오름을 다녔고, 함께 제주올레 걷기축제를 즐겨서 더 좋았다.

가족들과 함께한 제주여행도 기억에 많이 남는다.

2013년 1월 1일 일출을 보기 위해 우리 가족은 성산일출봉을 찾았다. 1월에는 눈썰매를 두 번 탔고, 2박 3일간의 제주여행을 두 번 다녀왔다. 붉은오름 자연휴양림에서 2박 3일간 지내며 붉은오름, 사려니숲길, 에코랜드 등을 다닌 것은 지금도 가족들이 즐겁게 기억하는 추억이다.

4월에는 온 가족이 고사리를 꺾으러 다녀왔다. 그리고 5월 연휴에는 월드컵 경기장, 관음사, 한라생태숲, 절물자연휴양림, 어승생악을 다녀왔다. 30분이면 올라가는 어승생악을 온 가족이 생태해설사의 설명을 들으며 2시간에 걸쳐 즐긴 것은 아직도 아이들 기억에 생생히 남아있다.
   6월에 아내와 함께 제주올레 6코스를 걸은 것은 가장 기억에 남는 제주올레길 걷기이다. 매년 결혼기념일에 둘이서 당일 여행을 다녀오는데 2013년에는 내가 좋아하는 올레길을 처음으로 둘이서 걸었다. 둘이서 6시간 동안 걸으니 참으로 많은 이야기를 나눌 수 있었고, 속에 묵혀두었던 감정까지 터져 나와 울기도 하고 웃기도 하였다. 마지막이 해피엔딩이어서 다행이었다.
   6월에는 온 가족이 1박 2일의 고고학 캠핑을 다녀왔고, 7월과 8월에는 제주의 해수욕장을 여러 번 다녀왔다. 10월에는 처음으로 클린올레 자원봉사에 온 가족이 참여했고, 제주올레 걷기축제 때도 처음으로 가족들과 함께 즐겼다.
   11월에는 제주 감귤축제에 두 번이나 다녀왔고, 12월에는 또 성산일출봉에 다녀오고 눈썰매를 즐겼다.

체중감량 10kg 달성을 위해 한라수목원 산책과 줄넘기

   2012년 제주올레길과 오름과 한라산을 즐기다가 한동안 운동을 못해서인지 살이 많이 쪘다. 그래서 작정하고 체중 감량에 도전했다. 건강을 위해서였다. 일단 식단조절에 들어갔고, 시간이 날 때마다 한라수목원을 산책했다. 아이들과 놀이 삼아 줄넘기도 매일 하자는 목표도 세웠다.

덕분에 1년에 한라산 100번 가기 미션을 성공했다. 집과 직장 가까운 곳에 좋은 산책로가 있어 새벽시간과 점심시간을 활용했다. 한번은 저녁에 병원 회식을 마치고 2차를 가지 않고 밤 9시에 한라수목원에 간 적도 있다. 목표를 달성하기 위해서이기도 했지만 제일 큰 이유는 걷고 싶었기 때문이다. 그 덕분인지 결국에는 체중 감량 10kg에 성공했고, 난 자신감을 부상으로 받았다.

취미생활은 행복의 필수조건 : 피리, 한라산, 숲길 걷기
새로운 취미생활로 7월에 테니스를 시작하고, 8월부터는 음악 취미생활로 국악 아카데미에서 진행하는 피리 강좌에 다녔다. 3개월간의 피리 배우기는 색다른 경험이었다.

2012년 제주올레와 오름을 만족할 정도로 즐긴 내가 2013년에 선택한 것은 한라산과 숲길 트레킹이었다. 사려니숲길(에코힐링축제), 삼다수숲길, 숫모를숲길, 장생의숲길, 방선문숲길 등 제주에는 좋은 길이 너무 많아 행복했다. 제주도의 숲길은 또 다른 제주도의 보물이다.

4. 2014년, 제주에서의 가족들과 3년째 삶

2014년은 제주올레의 해.

나는 2013년 7월 제주올레 아카데미 총동문회 총무로 선출되었다. 그리고 2013년 12월부터 '아카자봉 함께 걷기(제주올레 아카데미 총동문회 자원봉사자와 함께 걷기)' 프로그램을 운영하면서 매달 신경 쓸 일이 많았다. 또한 매달 진행하는 클린올레에 빠짐없이 참석하고, 각종 워크숍 기획과 올레꾼들 경조사 참석 등 매우 즐거운 시간을 보냈다.

물론 2014년에 여행도 많이 다녔다. 가족들과 36번이나 제주 구석구석을 여행하며 다녔다. 특히나 2014년에는 가족들과 함께 제주올레길을 많이 걸었다. 또 제주올레꾼들과 일본 규슈올레에 다녀오고, 양평물소리길과 강릉바우길에도 다녀왔다.

그리고 개인적으로는 테니스에 올인한 해였다. 아주 열심히 테니스를 즐겼다. 그리고 결혼 10주년 여행도 다녀왔으며, 강의도 자주 했다.

가족과 지인들과 함께하는 제주여행

　제주로 내려온 지 3년째가 되어서인지 지인들께서 가장 많이 제주로 내려온 해가 2014년이다. 그리고 여전히 가족들과도 제주에서 떠나는 제주여행을 많이 했다.

　가족들과는 총 36번 제주여행을 떠났다. 주로 2년 동안 가보지 못했던 곳을 가고, 아이들이 다시 한 번 가고 싶어 하는 곳 위주로 다녔다. 그리고 제주올레길도 아이들과 함께 다녔다. 아빠가 제주올레 아카데미 총동문회 총무 역할을 하기 위해 참석하는 클린올레와 아카자봉 함께 걷기 모임에 아이들이 자주 따라다닌 것이다.

2014년에 제주에 오신 첫 번째 지인들과는 돌문화 공원에 갔다. 제주를 소개하기에 그만한 곳도 없다고 생각했기 때문이다. 3월에 방문하신 지인과는 만장굴, 비자림, 성산일출봉, 백약이오름을 다녀왔다. 세계자연유산으로 지정된 곳과 제주만의 오름을 보여드리고 싶어서였다. 5월에 오신 지인들과는 비자림과 동검은이오름을 다녀왔다. 아이들과 함께 8월에 오신 지인과는 월정리 해변과 함덕해수욕장에서 물놀이를 실컷 했다. 10월에 혼자 내려온 지인과는 어승생악, 용눈이오름, 아끈다랑쉬오름, 월정리 해변을 구경시켜드렸다. 용눈이오름에서 본 일출을 아직도 그분은 감동적이었다고 자주 말씀하신다.

제주올레는 여전히 함께했다.

제주올레는 2014년에도 여전히 함께했다. 제주올레꾼들과 규슈올레도 다녀왔고, 양평 물소리길도 걸었고, 강릉 바우길도 함께 걸었다.

10월 진행된 제주올레 성화 봉송 걷기 행사도 기억에 남는다. 2014년 제주에서 열리는 전국체전을 기념하기 위해 성황봉송을 제주올레길을 걸으며 진행했는데, 우리 가족도 사전에 신청을 하여 16코스에서 성황봉송 주자로 올레길을 걸었다. 둘째와 셋째가 성화를 들고 걷는 모습은 잊지 못할 만큼 아름다운 추억이었다.

6월에 1박 2일로 진행된 18-1코스인 추자도 클린올레도 둘째와 함께 갔었다. 특히나 추자올레 첫째 날에 원희룡 제주특별자치도 도지사님께서도 같이 자원봉사를 해주셔서 더욱 뜻깊었다.

가족과 저녁시간 함께하기

아이들이 어릴 적에 함께 시간을 많이 보내기 위해 제주에 내려왔기에 가급적 저녁시간에는 아이들과 함께 보내려 노력했다. 글자 공부도 하고, 빵 만들기도 하고, 공놀이도 하고, 같이 줄넘기도 하면서 아이들과 함께했다. 최고 기록은 5월로 22일 동안 저녁에 아이들과 놀았다.

아이들과 30분 놀기 프로젝트, 둘째 한글 배우기 프로젝트, 책 읽기 프로젝트, 아이들과 공놀이 프로젝트, 빵과 쿠키 만들기 프로젝트, 요리 프로젝트 등을 진행하다 보니 1년이 금방이었다.

5. 2015년, 제주에서의 가족들과 4년째 삶

제주에서의 삶이 안정기로 접어들면서 제주에 정착하기 위한 방법을 치열하게 고민한 2015년이었다. 물론 가족들과 제주를 즐기는 것은 계속했다. 캠핑을 시작했고, 1년간 12번 캠핑을 갔다. 캠핑을 제외하고도 제주여행을 20회 이상 다녀왔다. 그리고 가족과 함께 한 홍콩과 심천여행도 기억에 남는 이벤트였다.

2013년 7월부터 계속해온 제주올레 아카데미 총동문회 총무 역할을 2년으로 마치고, 7월부터는 부회장으로서의 역할을 시작했다. 그리고 45분의 올레꾼들과 남해 바래길과 내포문화숲길을 다녀왔다.

캠핑의 세계에 빠져들다.

   2015년 우리 가족의 가장 큰 테마는 캠핑이었다. 제주만큼 캠핑을 하기 좋은 곳이 없다. 3년 동안 제주의 많은 곳들을 어느 정도 섭렵한 우리 가족은 앞으로 무엇을 할까 고민하다가 캠핑을 선택하였다. 그리고 아주 만족하였다.

   캠핑은 무엇보다 내게 큰 도움이 되었다. 텐트를 세우는 과정은 흡사 집을 짓는 것과 비슷한데 가족을 위해 살 곳을 금세 만들어내는 모습에 아이들은 감탄했다. 캠핑을 가서 요리도 주로 내가 했는데, 아이들은 먹을 것을 척척 만들어내는 아빠를 존경했다. 무엇보다 아이들과 시간을 많이 보내고 재미있는 추억을 많이 만들 수 있다는 것이 캠핑의 가장 큰 매력일 듯하다. TV가 없기에 핸드폰만 내려놓는다면 얼마든지 아이들과 놀 수 있는 것이다.

   다행히 캠핑장비도 지인으로부터 싸게 구입했다. 더구나 텐트 설치가 아주 간단한 방식이었다. 텐트 치는 방법은 쉽지만 무거워서 잘 안 쓴다고 우리에게 파격 세일로 주신 것이다. 5분이면 텐트를 설치할 수 있게 되면서 캠핑이 쉽게 다가왔다. 그리고 어린이날에 우리는 집에서 멀지 않은 청소년 야영장으로 갔다. 첫 캠핑에서 우리 가족은 풀밭에서 축구도 하고, 근처 오름도 함께 걸으며 제주자연을 만끽했다. 무엇보다 캠핑에서 내가 가장 마음에 드는 것은 밤에 캠프파이어를 하는 것이었다.

   첫 캠핑이 마음에 쏙 들어서 2주 후 또다시 캠핑을 하러 갔다. 이번에는 제주에서 가장 유명하다는 모구리 야영장이었다. 그리고 두 번째 캠핑을 다녀온 후 또 일주일 만에 세 번째 캠핑을 갔다. 그리고 텐트를 주신 지인을 초대했다. 저녁식사를 대접하며 텐트를 주심에 감사드리고 캠핑의 세계에 인도하심에 감사드렸다. 그리고 캠핑에 관한 여러 가지 노하우도 전수받았다.

저녁에 누군가를 초대해서 캠핑장에서 함께 저녁식사를 하는 것은 참으로 좋았다. 식당에서 한 시간 만에 식사를 마치고 헤어지는 것보다 훨씬 진솔한 이야기를 많이 할 수 있었다. 한 번 캠핑을 같이 하면 많은 시간 대화가 가능하고 인상 깊은 추억을 만들 수 있기에 상당히 친해질 수 있는 것이다.

네 번째 캠핑에는 큰딸의 친구가족을 초대했다. 덕분에 지금까지도 그 친구는 큰딸과 절친이다. 다섯 번째 캠핑에서는 나의 절친을 초대했다. 서울에서 일부러 내려와 캠핑의 만찬을 즐겼다. 친구는 숙소를 호텔에 잡았지만 친구의 딸은 텐트에서 자고 싶다고 떼를 썼다. 여섯 번째 캠핑에서는 지금 다니고 있는 병원의 치과 선생님 부부를 초대했다. 몇 달 전 그분의 집에 초대를 받아 저녁식사를 했었는데, 캠핑을 한 번도 안 가봤고 너무 가보고 싶어 했기 때문에 이번에는 우리가 그분들을 초대했다.

일곱 번째 캠핑에서는 나를 이어서 제주올레 아카데미 총동문회 총무를 맡게 된 두 분을 초대해서 인수인계를 캠프파이어하면서 했다. 여덟 번째는 나에게 동업을 제안한 가족들과 시간을 보냈고, 그다음에는 올레꾼들을 초대해서 회의도 하고 뒤풀이도 했다. 그렇게 1년 동안 12번의 캠핑을 재미있게 즐겼다.

가족과 행복을 즐기다. 제주여행과 홍콩심천여행.

    틈만 나면 캠핑을 하러 다녔지만 짬짬이 시간을 내서 제주여행도 계속했다. 여전히 겨울에는 마방목지에 눈썰매를 타러 갔고, 여름에는 물놀이를 갔으며, 가을에는 숲길과 오름을 걷고, 겨울에는 감귤따기체험을 했다. 첫째인 딸이 오렌지스쿨을 통해 바이올린을 배웠기에 음악회도 종종 갔고, 두 아들이 좋아하는 자전거를 타러 탑동광장에도 자주 갔다. 요리사가 꿈인 둘째와 함께 쿠키도 여러 번 만들고, 요리도 자주 하였다.

    무엇보다 기억에 남는 것은 온 가족이 제주올레 걷기축제 때 함께 제주올레 21코스를 걸었던 추억이다. 제주올레 21코스는 우리 가족이 처음으로 다 함께 걸었던 제주올레길이다. 당시 셋째는 유모차를 탄 상태였는데, 이제는 당당히 함께 걷고 뛰면서 올레길을 즐겼다. 아이들의 걸음속도가 늦어 다른 사람들보다 한참이 뒤처져서 끝까지 완주는 못했지만 우리 가족은 진정으로 행복했다.

    2015년 2월 6박 7일 동안 홍콩과 중국 심천에 온 가족이 다녀온 것도 행복한 추억이다. 중국 심천에 파견근무를 나간 친구가 한번 놀러 오라고 한 것을 우리는 놓치지 않고 추진했다. 온 가족이 다 함께 떠난 첫 번째 해외여행이었다. 홍콩에서 이틀 동안 구석구석을 돌아다녔고, 심천으로 넘어가서 친구네와 함께 심천에 심취했다.

6. 2016년, 제주에서의 가족들과 5년째 삶

제주로 온 지 5년째. 그리고 내가 마흔이 된 2016년의 제주에서의 삶은 여전히 치열했다. 성공과 행복을 주제로 한 책을 50여 권 읽었으며, 여전히 가족들과 제주를 즐기는 데 많은 시간을 할애했다. 혼자서 자전거올레도 즐기고, 캄보디아 의료봉사도 다녀오고 일본 북알프스 트레킹도 다녀왔다. 그리고 제주에서의 세 번째 취미생활로 탁구에 1년 동안 올인했다.

행복과 성공을 고민하다.

2016년의 가장 큰 화두는 '나는 앞으로 어떻게 살 것인가?' 하는 것이었다. 그래서 '성공'이라는 화두로 책을 25권 읽었고, '행복'이라는 화두로 책을 26권 읽은 후에 나만의 성공과 행복의 비법을 정리했다.

책 읽기가 너무 재미있고, 책 내용을 정리하는 데 신이 나서 새벽 2시에 일어난 적도 다반사였다. 50여 권의 책들의 내용을 참고해서 나만의 비법을 정리했다.

항상 가족이 나의 중심

제주 생활 5년 차에 들어서면서 다른 영역에 관심이 많아졌지만 여전히 가족들과 제주여행을 지속적으로 다녔다. 겨울에는 마방목지에서 눈썰매를 타고, 봄과 가을에는 제주올레길을 함께 걸었으며, 여름에는 물

놀이를 다녔다.

  2016년에 아이들과 함께 특별하게 많이 한 것은 빵 만들기와 자전거 타기이다. 아이들이 요리에 관심이 많고 직접 빵을 만드는 것을 좋아해서 수시로 빵을 만들었다. 첫째 아들은 요리사가 되는 것이 장래희망 중 하나이다. 자전거는 아파트나 근처 소공원에서도 즐겼고 탑동에도 갔다. 아이들과 자전거로 해안도로를 달리기도 하고 가파도에서 2인용 자전거도 탔다.

  2015년에 이어 캠핑도 여전히 자주 갔다. 지인들이 제주로 여행 왔을 때는 주로 캠핑장으로 초대해서 캠프파이어하면서 밤을 지새웠다. 아이들도 자연 속에서 뛰어놀고, 밤에 별구경하는 것을 좋아했다. 겨울에는 카라반을 이용했고, 여름에는 청소년 야영장과 관음사 야영장과 모구리 야영장을 주로 찾았다.

2016년에 즐긴 제주의 축제는 3월 들불축제와 8월 도두오래물축제, 9월 수학축제, 10월 책축제와 제주올레 걷기축제이다. 이 중 들불축제와 제주올레 걷기축제는 7년 동안 가장 많이 참석한 축제인데 언제 가도 참으로 즐거웠다.

  5년 차에 접어들면서 제주여행은 예전에 비해 다소 기회가 줄었다. 2016년 우리 가족이 간 곳은 마방목지 눈썰매, 제주올레 16코스, 월정리와 투명카약, 곽지과물해수욕장, 금산공원, 금오름, 애월한담산책로, 섭지코지, 퍼시픽랜드, 초콜릿랜드, 월드컵경기장, 도두오래물, 산방산온천, 군산오름, 금능해변, 에코랜드, 가파도, 제주우주항공박물관, 파파월드, 아쿠아플라넷, 다희연, 성산일출봉 등이다.
  특히 기억에 남는 것은 추석 연휴 때의 제주여행이다. 2016년 추석 연휴 때는 가족들이 각자 원하는 곳을 한 군데씩 정해서 가족 모두가 함께 그곳을 갔다. 큰딸은 산방산온천을, 둘째는 금능해변을, 셋째는 에코

랜드를 선택했고, 아내는 집에서 쉬는 것을 선택해서 내가 아이들을 데리고 가파도와 제주우주항공박물관에 아이들만 데리고 다녀왔다.

제주여행은 예전에 비해 다소 줄었지만 2016년 후반기부터는 집에서 아이들과 노는 시간은 더 많이 가질 수 있었다. '아이들과 15분씩 놀기 프로젝트'를 시작했기 때문이다. 성공과 행복에 관한 책들을 읽은 후 다음으로 관심을 가진 것은 육아에 관한 책들이었다. 첫째가 태어나고 12년 동안 체계적으로 아빠 역할을 못하고 주먹구구식으로 지내왔다고 반성이 되어 읽기 시작한 책들이었다. 셋째까지 어느 정도 성장하면서 육아공부의 필요성이 더 커졌다. 2017년에 본격적으로 더 많은 육아 책을 읽기 시작하고 생활 속에서 구체적으로 실천하기 시작했지만 그 시작은

2016년 후반기였다.

저녁에 아이들과 함께 시간을 보내면서 초등학교 5학년인 첫째와는 보드게임을 주로 하고, 유소년 축구 클럽을 2년째 다니고 있는 둘째와는 축구를 많이 했다. 셋째와는 공놀이를 주로 하며 저녁시간을 보냈다. 가장 아빠를 많이 찾고, 아빠가 필요한 시기이기에 함께하는 시간을 많이 가지려 특별히 노력했다.

해외 트레킹에 눈을 뜨다. 일본 북알프스 트레킹

제주에 와서 난 트레킹의 세계에 더욱 깊숙이 빠져들었다. 대학교 입학 전에 친구들과 지리산을 처음 갔었는데 걷는 것이 너무 좋아 그 이후로 줄곧 우리나라의 유명한 산들을 다녔다. 그리고 제주에 와서는 한라산을 무진장 다녔다. 그 후 제주올레를 알게 되면서 5년 동안 참으로 많은 시간 동안 제주올레길을 걸었다.

제주에서 1년 동안 한라수목원을 100번 간 적도 있고, 제주올레길(총 거리 425km)도 세 번 완주했고, 한라산도 30번 넘게 다녔다. 그런 내가 2016년 처음으로 외국 트레킹을 시작하였다. 기회는 우연히 왔다. 10월 초 연휴가 연속해서 있는 시기에 뭘 할까 고민하다가 갑자기 아내가 제안을 했다. 하고 싶은 거 하라고. 자기도 본격적으로 한 달에 두 번 이상씩 서울로 강의를 들으러 다니기 시작해서인지 나에게 파격적인 제안을 한 것이다.

어디를 갈까 고민하다가 해발고도 3,000m 이상인 곳을 가보고 싶었다. 휴가를 오래 낼 수가 없는 이유도 있어 가까운 일본으로 가기로 했다. 여행사 상품 중 일정에 맞는 것은 몽골 트레킹과 일본 북알프스 트레킹밖에 없기도 했다. 그렇게 시작된 일본 북알프스 트레킹은 나에게 큰 고민을 해결해 준 사람을 만나게 해준 귀한 경험이 되었다.

혜초여행사를 통해 일본 북알프스 트레킹에 함께 한 사람은 20여 명 남짓이었다. 4박 5일 동안 함께 걸으며 처음에는 서먹했지만 마지막 날에는 어느 정도 친해졌다. 대부분의 일정 동안은 산장에서 여러 명이서 잤는데, 마지막 날 호텔에서는 2인실 사용이었다. 그날 밤 난 함께 숙박한 그분께 새벽 3시까지 나의 고민 상담을 받았다. 개업을 할지 말지, 그리고 나의 가정에서의 고민에 대해서도 속 시원한 대답을 들었다. 지금도 그분의 말씀을 나의 다이어리에 붙이고 다닐 정도이다.

일본 북알프스 트레킹은 걷는 것도 좋았지만 혼란스러웠던 시기에 나의 고민을 해결해준 귀인을 만나 더 뜻깊은 걷기 여행이었다. 그리고 2017년 히말라야를 다녀오고 2018년 몽블랑을 계획하고, 매년 해외 트레킹을 다녀와야겠다고 다짐하게 된 해외 트레킹의 시초가 되는 역사적인 사건이었다.

여전히 국내 트레킹을 즐기다. 군산구불길과 진안고원길
나는 2011년 10월에 제주올레 걷기를 시작했고, 2012년 9월 '제주올레 아카데미'를 수료했으며, 15기 총무를 맡았다. 그리고 2013년 7월 제주올레 아카데미 총동문회가 출범하며 총무 역할을 2년간 맡았고, 2015년 7월부터 2021년까지 부회장 역할을 했다. 제주올레 아카데미 총동문회가 출범하면서 시작된 여러 가지 프로젝트 중 '육지길 걷기행사'를 매년 두 번씩 진행했는데 2016년 우리가 간 곳은 군산구불길과 진안고원길이었다.

육지길 걷기 행사 때는 매번 저녁에 동문들과 친교의 시간을 가지는데 사실 이 시간이 걷는 것 이상의 기쁨이 있다. 레크리에이션을 하며 서로 웃고, 뒤풀이하며 서로 이야기를 나누다 보면 어느새 친한 친구가 된다. 올레길이라는 공통된 관심사가 있기에 더 쉽게 친해지는 듯하다. 레크리에이션 시간에는 주로 내가 사회를 보는데 퀴즈도 내고 조별 게임도 하면서 상품을 마구마구 나눠드린다. 많은 참가자분들이 많은 선물을 기부해 주셔서 주는 사람과 받는 사람 모두가 행복하다.

캄보디아 의료봉사

2016년 기억에 남는 또 하나의 행사는 캄보디아 의료봉사이다. 제주에서 7년 동안 근무한 한국건강관리협회 제주지부와 제주 로터리 클럽이 함께 캄보디아로 4박 5일간 의료봉사와 지역봉사를 다녀왔다. 제주 로터리 클럽에서는 학교를 지어주고, 우물을 파 주었다. 우리는 짧은 시간이었지만 두 군데의 마을에서 의료봉사를 했다. 가지고 간 의약품이 몇 시간 만에 동이 날 정도로 많은 인파가 몰렸다.

7. 2017년, 제주에서의 가족들과 6년째 삶

2017년은 육아와 내조의 해

　제주에 온 이유가 아이들과 많은 시간을 함께 보내기 위해서였다는 사실을 다시 한 번 상기하며 최대한 아이들과 많이 놀려고 했다. 아이들이 어느 정도 성장하였기에 자기 일을 제대로 갖고자 하는 아내를 응원하기 위해서였다.

　처음에는 저녁시간에 그냥 아이들과 함께 놀았다. 아이들이 하고 싶다고 하는 거 해주는 식이었다. 그러다가 좀 더 나은 방법을 찾기 위해 자녀교육에 관한 책을 읽었다. 아내가 추천해 주는 책으로 시작하여 아빠육아에 관한 책들까지 총 37권의 책을 읽고 내용들을 정리했다. 주로 아이들이 자는 새벽시간을 이용했는데 10개월 동안 공을 들인 덕분에 나만의 육아비법으로 정리했다.

　아빠가 아이들과 시간을 많이 보내면서 자연스럽게 아내는 자기가 하고 싶은 일을 할 시간을 많이 가질 수 있었다. 아내는 강의를 듣기 위해 한 달에 2~3번씩은 서울로 올라갔고, 밤과 새벽에는 컴퓨터 앞에서 공부하고 작업하는 시간이 갈수록 늘어났다. 하고 싶은 공부와 일을 하면서 행복해하는 아내를 보면 그동안의 고마움을 갚을 수 있게 되어 나도 기뻤다.

아빠육아 프로젝트

아빠육아 프로젝트는 놀기, 운동, 독서, 요리, 여행으로 진행되었다. 간단해 보이지만 나름 최선을 다해서 노력했다.

먼저 놀기는 아이들 한 명씩과 하루 15분씩 함께 노는 시간을 갖는 것이다. 뭐하고 놀지를 선택하는 것은 아이들의 결정에 따랐다. 첫째는 주로 보드게임을 선택했고, 둘째는 축구하기, 셋째는 공놀이를 주로 선택했다. 물론 아빠랑 놀기 위해서는 그날 본인들이 해야 할 것을 다 해야 한다는 전제조건이 충족된 후였다. 해야 할 일을 다 못해서 아빠랑 놀지 못하는 날이 초반에는 많았는데 아이들도 요령을 찾아서 나중에는 매일 놀 수 있게 되었다.

아빠랑 운동하기는 주로 자전거, 줄넘기, 축구, 야구 등 아이들이 하고 싶은 운동을 선택해서 진행하였다. 자전거를 막 배우기 시작한 셋째와 보조바퀴를 제거하고 자전거를 타기 시작한 둘째와 함께 아파트 마당에서 저녁시간에 자주 자전거를 탔다. 그리고 주말에는 종종 제주의 자전거도로를 달렸다. 일부러 월정리해변까지 가기도 했고, 제주올레길을 자전거로 즐기기도 했다. 첫째는 주로 줄넘기를 선택했다. 초등학교 6학년이 되면서 부쩍 외모에 관심을 가지기 시작해서인지 살을 빼야겠다고 하며 줄넘기를 자주 하자고 제안했다. 둘째는 축구를 좋아한다. 둘째의 세 가지 꿈 중의 하나가 바로 축구선수이기 때문이다. 3년째 유소년 축구클럽을 다니고 종종 축구대회에서 입상을 해서인지 집에서 기회만 되면 축구공을 가지고 논다. 그리고 연습상대는 항상 막내와 아빠였다. 덕분에 막내도 올해부터 유소년 축구클럽에 형과 함께 다니기 시작했다.

아이들과의 독서는 가장 중점을 두고 진행하는 아빠육아 프로그램이다. 아내의 추천도 있었지만 아빠 입장에서 가장 편한 종목이다. 일단 책을 읽는 시간은 나도 쉴 수 있다. 나도 같이 책을 읽지만 책 읽기는 놀기와 운동과 요리보다 훨씬 쉽다. 책을 읽고 어떠했는지 물어보고 상상력을 자극하는 질문을 몇 개 던지고 아이의 말을 끝까지 들어주면 되니까 말이다. 가끔씩 아빠가 아이들에게 직접 책을 읽어주면 아이의 독서에 대한 관심을 배가시킬 수 있다. 최근에는 아이들이 읽은 책을 기록하는데 이 또한 도움이 되는듯하다.

아들과 함께하는 요리는 이전에도 종종 했었다. 함께 빵 만들기, 쿠키 만들기, 요리하기 등 지난 6년간 아이들에게 호응이 좋았다. 그래서 2017년에는 토요 아빠요리 프로젝트를 시작했다. 토요일에 한 번씩 가족들이 원하는 요리를 아빠가 해주는 것이다.

여행은 '아빠와 떠나는 제주여행'이라는 타이틀로 진행하고 있다. 가족과의 제주여행과는 별도로 엄마 없이 아빠랑만 같이 가는 것이다. 아내가 강의를 들으러 서울에 가는 주말에는 집에 있기보다는 어디든 일단 나선다. 어디 갈지는 날씨와 상황에 따라 정해지는데 아이들이 직접 결정하는 것은 놀이 종류를 정하는 것과 똑같다. 눈썰매, 제주올레길, 자전거, 한라산둘레길, 장생의 숲길, 도립미술관, 해수욕장 등 어디를 가든 제주의 자연이 함께해서 즐거웠다.

육아관련 책 탐독

2016년 10월부터 자녀교육에 관한 책들을 읽기 시작했다. 아내가 추천해 준 16권을 정독하고, 아빠 육아에 관한 책을 추가하여 총 37권의 책을 읽고 내용을 정리했다. 물론 모든 일이 책대로 되는 것은 아니지만 일단은 전문가들의 이론적인 조언들을 알고 싶었다. 그리고 기대 이상의 깨달음을 얻었다.

육아에 대한 교육을 제대로 받지 못한 나로서는 책들의 내용들은 새로운 세상이었다. 기존에 갖고 있던 생각과는 정반대인 경우가 많았다.

그리고 내게 가슴에 와닿은 내용들을 위주로 나만의 육아비법을 정리했다. 귀한 문구가 한가득이어서 중요한 것만 꼽아도 456개 정도 되었다.

가족과 둘만의 여행 프로젝트

책을 읽다가 이거다 싶어 무릎을 친 것이 있다. 바로 아이와 둘만의 여행을 가라는 것이다. 아이가 세 명인 우리 집에 꼭 필요한 시도였다. 그래서 바로 실행했다. 그리고 그 결과는 대성공이었다.

첫째인 딸이 선택한 곳은 대관령 눈꽃축제와 잠실 롯데월드였다. 2017년 아빠의 계획 발표에 첫째는 바로 2월 초로 날짜를 잡았다. 그리고 어디 갈지 검색하더니 눈 구경을 하러 가고 싶단다. 지난해 스키캠프를 다녀와서인지 이번에는 눈꽃축제를 보러 가고 싶다고 했다. 그리고 돌아오는 길에 잠실 롯데월드에서 평일에 놀이기구를 많이 타고 싶다고 했다. 아빠의 근무 때문에 주말에 놀이공원을 주로 갔었는데 놀이기구를 많이 타지 못해서 아쉬웠다고 했다. 그리고 아빠와의 둘만의 여행에서 딸은 이 둘을 실컷 즐겼다.

둘째인 아들이 선택한 곳은 부산의 놀이공원과 워터파크였다. 이전에 갔었던 김해 롯데워터파크가 너무 재미있어서 결정했다고 했다. 양산 통도환타지아에서 놀이기구를 실컷 탔는데 주말이어도 잠실 롯데월드보다 사람이 적어 아이와 즐기기에는 더없이 좋았다. 놀이기구들도 둘째 나이에 맞아서 오히려 즐길 것이 더 많았다. 어찌나 신났는지 놀이기구 몇 번 타고 뻗어버린 아빠를 두고 혼자서도 잘 탔다.

7살인 막내의 목적지는 형과 같았다. 형이 2월에 아빠와 둘만의 여행을 다녀오고 나서 재미있었다고 워낙 자랑을 많이 해서인지 원래 셋째가 계획했던 곳은 잡월드였는데 장소가 변경되었다. 일정상 셋째와의 여행은 6월에 다녀왔다.

마지막으로 아내와 6월에 둘만의 여행을 다녀왔다. 결혼기념일에 맞췄고, 대구에 학회 일정이 잡혀있어 대구에서 데이트를 즐겼다. 대구의 맛집에서 맛있는 식사도 하고, 뮤지컬도 보고, 대구 시티투어 버스를 타고 대구 구석구석을 누볐다. 오랜만에 아내 지인도 만나고 나의 지인도 만나 함께 이야기하며 즐거운 시간을 보냈다.

히말라야, 내 생애 최고의 트레킹

아내는 나에게 선물을 주었다. 작년 말부터 본인이 하고 싶은 일을 할 수 있게 배려해 준 나에게 주는 선물이라고 했다. 그 덕분에 감사한 마음 가득 안고 나는 20년간 바라던 히말라야에 7박 9일 일정으로 다녀왔다.

히말라야는 대학교 때부터 친구들과 꼭 한번 가보자고 말하던 곳이었다. 그때는 멋모르고 거창하게 히말라야 정상에 가자고 목표를 세웠는데 알아보니 전문 산악인이 아니어도 히말라야를 즐기는 방법이 있었다. 히말라야 안나푸르나 베이스캠프까지 가는 일정이 1주일 정도로 에베레스트 베이스캠프 가는 일정보다 나에게 맞았다.

혜초여행사를 통해 함께한 동반자는 두 분이다. 보통 참석자가 6명이 안 되면 여행사에서 일정을 취소하는데 운 좋게도 3명이었지만 예정대로 갈 수 있었다. 더구나 함께한 두 분이 너무 멋진 분이셔서 여행 내내 최고였다. 함께한 동국대 소아청소년과 교수님은 육아에 관심이 많은 내게 좋은 가르침을 많이 주셔서 더욱 감사했다.

히말라야는 생각했던 것보다 힘들지 않았다. 제주올레길 하루 걷고, 한라산둘레길 하루 걷고, 한라산 백록담 가는 정도로 이틀 걸으면

4,130m인 안나푸르나 베이스캠프에 도착한다. 그리고 이틀 동안 하산이고, 나머지 일정은 네팔 즐기기이다. 히말라야 트레킹은 짧았지만 강렬했다. 마차푸차레와 안나푸르나 봉우리가 나에게 주는 메시지도 물론 강력했다.

8. 2018년, 제주에서의 가족들과 7년째 삶

2018년은 새로운 준비를 위해 마지막 불꽃을 태운 해

   2018년은 우리 가족에게 특별한 해였다. 나는 부산에서 1년간 지냈고, 가족들은 제주에서 지냈기 때문이다. 그래도 2주에 한 번씩은 제주에 내려와서 가족들과 제주를 즐기는 생활을 계속했다.

내가 2018년 1년 동안 부산에서 지낸 이유는 개원준비를 하기 위해서였다. 1년간의 준비 끝에 우리 가족은 수원으로 이사를 왔고, 2020년 2월에 장편한외과의원으로 개원할 수 있었다. 2018년이 제주에서의 마지막 해라는 것을 우리 가족은 알고 있었기에 1년 동안 마지막 불꽃을 태우며 제주를 즐겼다.

정말로 좋았던 제주의 곳곳을 다시 한번 가보기도 했고, 6년을 살면서 못 가본 곳들을 다녔다. 그래서 7년 동안 살던 제주를 떠나올 때 아쉬움은 크지 않았다. 특히나 첫째인 딸이 가고 싶어하는 고등학교가 용인에 있었기 때문에 제주생활을 마무리할 수밖에 없었다.

II. 아이들과의 인터뷰

첫째 다경과의 인터뷰

> **2017년 초등학교 6학년 때 인터뷰**

Q 다경아, 제주에서 5년 살아보니 어때요?

좋아요. 진짜 좋아요. 가족들과 친구들과 자연과 함께해서 좋아요.

Q 어떤 점이 좋아요?

거의 모든 게 좋아요. 좋은 친구들 만나서 좋아요. 아빠가 계속 일에 시달리지 않아도 되는 점도 좋고, 여러 가지 자연체험을 한 것도 좋았어요. 육지에서 쉽게 못하는 것을 쉽게 할 수 있는 것(성산일출봉 등 서울 사람들이 일부러 내려와서 구경하는 곳 가기 등)도 좋았고, 도민할인 되는 것도 좋았어요.

Q 아쉬운 점은 없나요?

자연체험 이외에 도시적인 체험(그림그리기 페스티발, 잠월드 등)을 못해서 아쉬웠어요. 항공권이 금전적으로 부담되어 육지에 자주 못가는 것도 아쉬웠어요.

Q 제주에 살면서 기억에 남는 일은 무엇인가요?

처음에 이사 와서 병원 갈려고 했는데 눈이 와서 두꺼운 옷 입었다가 날씨가 금방 바뀌어서 옷 갈아입고 했던 것이 기억에 남아요. 그리고 초등학교 1학년 때 절친 만난 것과 가족들이 올레길 개장식 간 것과 가파도에서 자전거 탄 것도 기억에 남아요.

Q 제주에서 기억에 남는 장소는 어디인가요?

모구리캠핑장이요. 성산일출봉 처음 올라간 날과 아빠 병원연수원에서 친구들끼리 1박 2일로 논 날도 기억에 남아요.

2021년 고등학교 1학년 때 인터뷰

Q 7년 동안 제주에서의 생활은 어떠했나요?

즐거웠습니다. 그냥 일상이 좋았습니다. 비행기를 많이 탔던 것이 기억에 남습니다.

Q 가장 기억에 남는 해를 꼽는다면?

중학교 1학년 때입니다. 친구들과 진짜 재미있게 놀았습니다. 친구들 덕분에 나도 많이 변했습니다. 내성적이었는데 외향적으로 변한 것입니다.

Q 제주에서 가장 좋았던 곳은 어디인가요?

월정리 해변과 모구리 야영장입니다. 성산일출봉도 좋습니다.

Q 어릴적 특별히 기억에 남은 일이 있나요?

초등학교 2학년 때 MBC 자연체험 프로그램에 10주 참석을 했던 것이 특별한 기억입니다. 도롱뇽 알이 있는 물웅덩이에 빠졌는데 어릴 적에 무척이나 놀랬습니다.

그리고 캠핑도 많이 생각납니다. 직접 요리하고, 같이 놀아서 좋았습니다. 화장실에 벌레가 많은 것 빼고는 다 좋았습니다.

붉은오름 자연휴양림에서 눈오던 날 1박한 것도 좋았고, 사려니숲길과 절물자연휴양림도 기억에 남습니다.

Q 아빠가 제주를 무척이나 좋아했는데 다경이는 어떠했나요?

제주에서 우리랑 놀면서 즐거워하시는 아빠의 모습이 인상적이었습니다. 그리고 아빠가 참 열심히 사신다는 생각을 했습니다. 아빠가 요리도 많이 하셨는데 같이 반죽하면서 요리를 만들어서 좋았습니다.

아빠가 제주올레를 좋아하셨고, 나도 아빠 옆에 있고 싶어서 자주 갔습니다. 클린올레 활동에 자주 참석을 했는데 다소 힘들었습니다. 그래도 올레꾼들에게 이쁨을 받아서 좋았습니다.

Q 제주에서 몇 년 정도 사는 것이 좋다고 생각하는가요?

체질에 맞다면 평생 사는 것도 가능하다고 생각합니다. 만약 아이들과 제주에 살러 온다면 8~9살 때 오는 것이 좋을 것 같습니다.

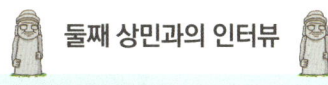
둘째 상민과의 인터뷰

2017년 초등학교 2학년 때 인터뷰

Q 상민아, 제주에서 5년 살아보니 어때요?

재미있어요. 친구들도 많이 사귀고, 놀러도 많이 가서 좋아요.

Q 가장 좋았던 점은 어떤 것인가요?

한라산 가족들이랑 같이 간 것과 친구들이랑 놀러 간 것이요. 아빠랑 놀러 많이 다닌 것과 가족들이랑 놀러 많이 다닌 것도 좋았어요.

Q 가족여행 갔던 곳 중 가장 기억에 남는 곳은 어디인가요?

한라산 백록담 올라간 것이요.

2021년 초등학교 6학년 때 인터뷰

Q 7년 동안 제주에서의 생활은 어떠했나요?

좋았습니다. 바다가 가깝고, 낚시를 많이 할 수 있어 좋았습니다. 제주만의 특별한 음식(회)도 좋았습니다.

Q 가장 기억에 남는 해를 꼽는다면?

초등학교 3학년 때 축구대회에 나가서 우승하고, 상을 많이 받았던 해입니다.

Q 제주에서 가장 좋았던 곳은 어디인가요?

해수욕장입니다.

Q 어릴적 특별히 기억에 남은 일이 있나요?

식구들과 같이 외식할 때가 기억에 남습니다.

그리고 캠핑 갔을 때가 기억에 남습니다. 텐트가 작아서 아쉬웠지만 숯불구이와 라면을 먹을 수 있어서 좋았습니다.

거문오름도 좋았고, 한라수목원에서 포켓몬 잡았던 것도 기억납니다.

Q 아빠가 제주를 무척이나 좋아했는데 상민이는 어떠했나요?

아빠도 만족했지만 저도 만족했습니다. 요리하는 아빠를 보면서 '나도 저런 아빠가 되어야겠다.'고 생각했습니다. 집에 빨리 귀가하는 아빠가 특히 좋았습니다.

제주올레는 걷는 게 살짝 힘들었습니다. 하지만 멋진 풍경을 걷는 곳이고 운동이 되어 좋았습니다.

Q 제주에서 몇 년 정도 사는 것이 좋다고 생각하나요?

초등학교 5학년 때부터 10년 정도 살면 좋을 것 같습니다.

 셋째 상수와의 인터뷰

2017년 7살 때 인터뷰

Q 상수야, 제주에서 5년 살아보니 어때요?
재밌어요. 아빠랑 같이 노니까, 형과 누나랑 같이 노니까 재밌어요.

Q 제주에 살면 좋은 점은 무엇인가요?
아빠랑 같이 올레길 가고, 가족들이랑 재미있는 게임도 해서요.

Q 상수는 제주 어디가 가장 좋았나요?
올레길, 에코랜드, 코코몽에코파크, 실내놀이터, 자전거 탄 곳이요.

2021년 초등학교 4학년 때 인터뷰

Q 7년 동안 제주에서의 생활은 어떠했나요?
재미 있었습니다. 친구들도 좋고, 맛있는 것도 많아서 좋았습니다. 저의 고향이기도 하고, 공기도 좋습니다.

Q 가장 기억에 남는 해를 꼽는다면?
초등학교 1학년 때입니다. 급식이 맛있었습니다.

Q 제주에서 가장 좋았던 곳은 어디인가요?
올레스테이입니다. 가족들과 같이 자서 좋았습니다.

Q 어릴 적 특별히 기억에 남은 일이 있나요?

클린올레 청소입니다. 아빠가 좋아하고, 자원봉사하는 거니까 나도 좋았습니다.

Q 아빠가 제주를 무척이나 좋아했는데 상수는 어떠했나요?

저도 좋았습니다. 아빠가 책을 많이 읽었는데 '열심히 공부하시는구나.'라고 생각했습니다. 아빠가 요리하는 모습을 보면서 나도 요리하고 싶어졌습니다. 특히 아빠가 빨리 퇴근해서 같이 놀아서 좋았습니다.

Q 제주에서 몇 년 정도 사는 것이 좋다고 생각하나요?

10년 정도 살면 좋겠습니다.

가족들과 함께 제주살기 어때?

1판 1쇄 인쇄 | 2022년 4월 10일
1판 1쇄 발행 | 2022년 4월 10일

저   자 | 이성근·황연정

펴낸이 | 페이지원 단행본팀
펴낸곳 | 페이지원
주   소 | 서울시 성동구 성수이로 18길31
전   화 | 02-462-0400
E-mail | thepinkribbon@naver.com

ISBN 979-11-952902-7-7

값 16,000원

이 책은 저작권법에 따라 의해 보호를 받는 저작물이므로
어떠한 형태로든 무단 전재와 무단 복제를 금합니다.
잘못된 책은 바꾸어 드립니다.